ASSE IM ÄRMEL

DIE 75 BESTEN KARTENSPIELE

Corinne Schmitt

Titel der Originalausgabe: Super Fun Family Card Games
Layout der Originalausgabe: Antonio Valverde
Photo Art Director/Art Manager der Originalausgabe: Samantha Ulban
Übersetzung der deutschen Ausgabe: Robert Maier
Lektorat der deutschen Ausgabe: Marcel Haug, Lisa Sutor, Stefan Droste, Tessa Will
Cover der deutschen Ausgabe: Petra Schmidt
Satz der deutschen Ausgabe: tebitron GmbH
Druck und Bindung: Neografia, Slowakei

1. Auflage 2024

ISBN 978-3-7358-5275-5• Best.-Nr. 25275

MIX
Papier | Fördert gute Waldnutzung
FSC® C020353

Penguin Random House Verlagsgruppe
FSC® N001967

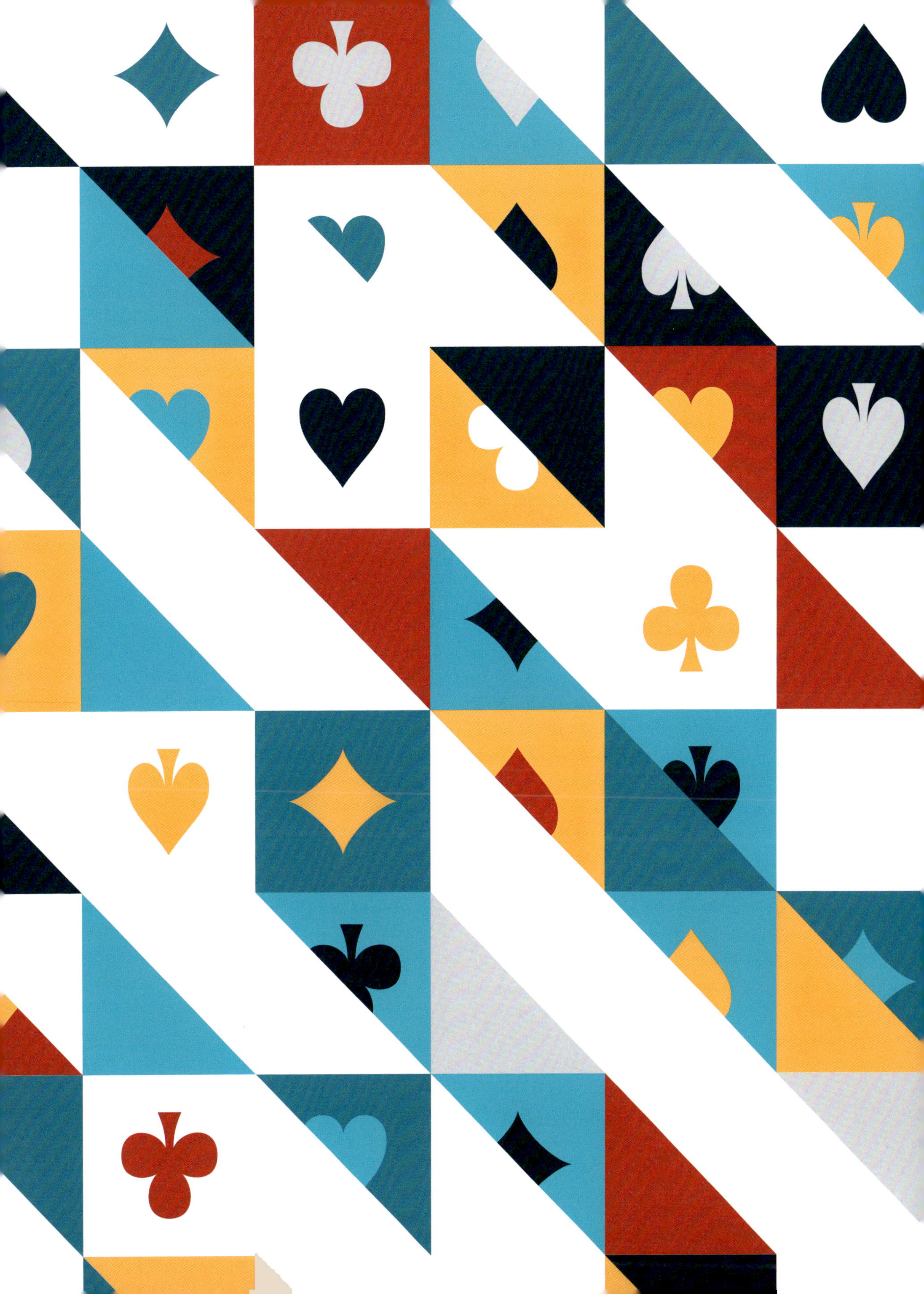

Für meinen Mann Dan und
meine Kinder Adam, Lizzy,
George, William und Sophia.

Inhalt

TEIL ZWEI

Einführung

Nur weniges bietet so viel einfache und kostengünstige Unterhaltung, wie ein gewöhnliches Deck Spielkarten. Es gibt so viele verschiedene Kartenspiele, dass wir jeden Tag ein anderes entdecken könnten. Mit der Sammlung von 75 Kartenspielen, die du in Händen hältst, kann deine Familie also viele Stunden Spaß haben. Ich habe darin Kartenspiele gesammelt für alle Altersstufen, für alle Spielniveaus, für völlig unterschiedliche Zahlen von Mitspielenden. Ob mit einem Einzelkind oder einer ganzen Rasselbande – hier gibt es mehr als ein Spiel, das bestimmt allen Spaß macht.

Ich bin fest überzeugt, dass Familien ihre Freizeit miteinander verbringen sollten. Mein Mann war 30 Jahre bei den US Marines, weshalb wir oft umziehen und uns von vielen liebgewordenen Orten wieder trennen mussten. Um Zusammenhalt zu haben, musste unsere Familie in sich selbst verwurzelt sein. Also habe ich mich schon, als die Kinder noch ganz klein waren, daran gemacht, unser Zusammengehörigkeitsgefühl zu stärken. Zuhause arbeiten wir gemeinsam, spielen gemeinsam, lachen gemeinsam – und wenn schwere Zeiten kommen, überstehen wir Seite an Seite auch die.

Damit die Familie diese Stabilität entwickeln konnte, entschied ich mich bewusst dafür, zu Hause zu bleiben. Es hatte den klaren Vorteil, dass ich viel Zeit mit meinen Kindern verbringen konnte – es hatte aber auch den unbestreitbaren Nachteil, dass die Familie von einem einzigen Einkommen abhing. Deshalb musste ich bei der Suche nach Unterhaltung für die ganze Familie immer aufs Geld sehen. Und so nahm eine heftige Liebesaffäre mit Kartenspielen ihren Anfang.

Spielkarten kosten nicht nur wenig, sie lassen sich auch leicht überall mit hinnehmen. Und im Unterschied zu Unterhaltungselektronik fördern Kartenspiele auch das Gespräch zwischen den Mitspielenden. Es macht einfach viel mehr Spaß, zusammen Gin Rommé zu spielen und zu lachen und einander zu sticheln, als dröge nebeneinander zu sitzen und auf Bildschirme zu starren.

Außerdem gibt es bei Kartenspielen mit Kindern auch noch die Möglichkeit, ihnen heimlich etwas beizubringen ... Eine ganze Reihe von Spielen in diesem Buch fördern das Verständnis für Mathematik, Strategie oder allgemeine Problemlösungsfertigkeiten. Wo das der Fall ist, gebe ich es auch in den Beschreibungen der Spiele an.

In dieser Sammlung finden sich klassische Spiele meiner Kindheit ebenso wie neue, die ich erst von meinen Kindern gelernt habe – und auch ein paar, die wir uns zusammen ausgedacht haben. Es wird dir hoffentlich Freude bereiten, deinen Kindern (Oder Enkelkindern!) diese Spiele beizubringen. Bei den althergebrachten Spielen kann aus der eigenen Kindheit berichtet werden (das finden Kinder ganz toll!), oder man gibt das Buch den Kindern selbst in die Hand, damit sie daraus ein neues Spiel aussuchen (Kinder lieben es ja, wenn sie einmal bestimmen dürfen).

Ganz gleich, wie du dieses Buch verwenden und welche Spiele du daraus spielen wirst – ich hoffe, dass es euch ein paar neue Möglichkeiten beschert, als Familie Zeit miteinander zu verbringen und gemeinsame Erinnerungen zu schaffen.

WAS DU BRAUCHST

Alle Spiele in diesem Buch verwenden das gewöhnliche „französische“ Kartenblatt. Ein vollständiges Blatt besteht aus 52 Karten – 13 Karten in vier Farben (Pik, Herz, Karo und Kreuz). Jede Farbe hat 13 Karten: Ass, 2, 3, 4, 5, 6, 7, 8, 9, 10, Bube, Dame, König. Im Handel sind häufig Spiele mit Jokerkarten erhältlich. Manche Spiele in diesem Buch verwenden die Jokerkarten, für andere müssen sie ausdrücklich aussortiert werden. Einige Spiele erfordern auch mehr Kartensets als nur eines; es wird bei jedem Spiel klar angegeben, wie viele Kartensets dafür erforderlich sind.

Zusätzlich zu den Karten sind für manche Spiele noch andere leicht zu beschaffende Materialien erforderlich, die meistens sowieso im Haushalt zu finden sind. In der Regel dienen diese einfach dazu, einen Punktestand zu zählen. Falls so etwas erforderlich ist, wird es jeweils zu Beginn der Spielbeschreibung aufgeführt.

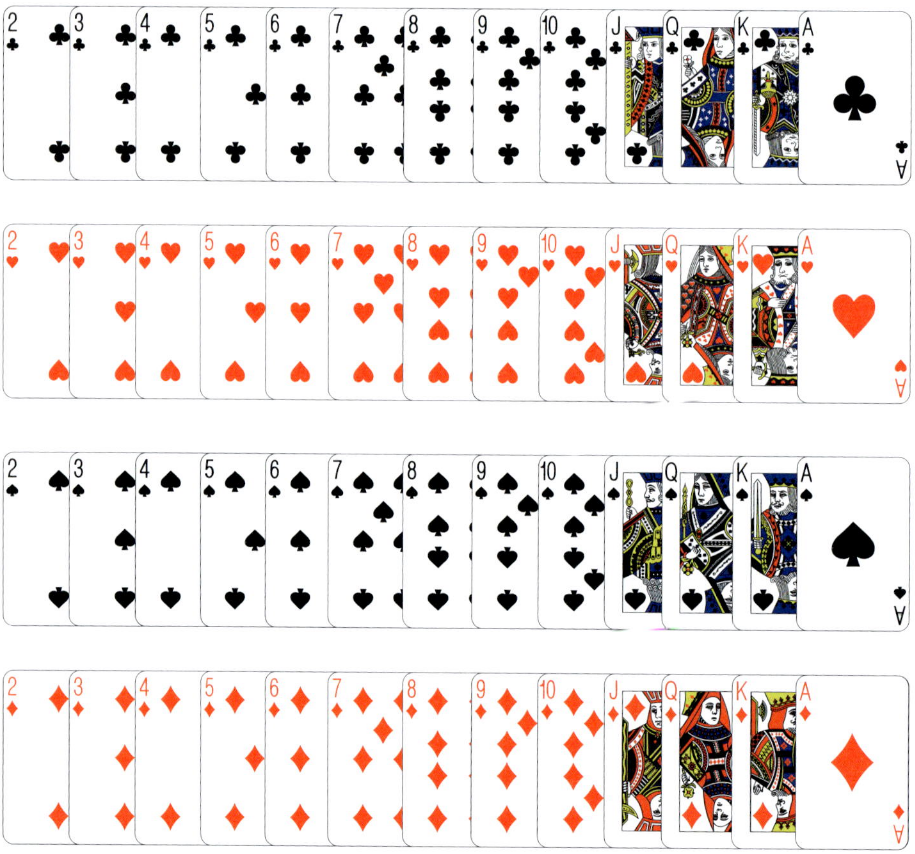

EINIGE GRUNDLAGEN

Kartenspiele haben eine eigene Sprache: bestimmte Fachbegriffe, um über die Karten, die Auslage und das Spiel an sich sprechen zu können. Diese Begriffe sollten alle kennen – nur dann kann man sich auch darauf verlassen, dass wirklich alle dasselbe meinen. Und ohne Missverständnisse haben alle mehr Spaß!

Glossar

Dieses Glossar erklärt Fachbegriffe, die in den Spielen in diesem Buch verwendet werden.

DIE KARTEN

Ein Kartenspiel besteht aus vier Kartenfarben mit 13 verschiedenen Werten, insgesamt also 52 Karten.

- **BILDKARTEN:** Buben, Damen und Könige – Karten, die in allen gebräuchlichen Ausgaben neben Farbe und Wert auch ein Bild zeigen
- **KARTENFARBE:** Gruppen, denen die Karten zugeordnet werden, meist Herz, Kreuz, Karo, Pik
- **KARTENWERT:** bestimmt durch die Rangordnung der Karten einer Farbe, normalerweise in dieser Folge: 2, 3, 4, 5, 6, 7, 8, 9, 10, Bube, Dame, König, Ass (allerdings wird dem Ass manchmal auch ein Wert von weniger als 2 zugeordnet)

HÄUFIGE KARTENBILDER

Bei vielen Kartenspielen geht es darum, bestimmte Kartenkombinationen zu erhalten. Dies sind die gebräuchlichsten:

- **DRILLING:** drei Karten von gleichem Wert und unterschiedlicher Farbe (etwa Kreuz-3, Pik-3 und Karo-3)
- **FLUSH:** fünf Karten derselben Farbe, deren Werte nicht aufeinander folgen (also etwa Herz-2, Herz-5, Herz-6, Herz-9 und Herz-Dame)
- **FULL HOUSE:** fünf Karten bestehend aus einem Zwilling und einem Drilling (etwa Pik-7 und Karo-7, dazu Kreuz-Bube, Pik-Bube und Karo-Bube)

- **ROYAL FLUSH:** fünf Karten bestehend aus 10, Bube, Dame, König und Ass derselben Farbe

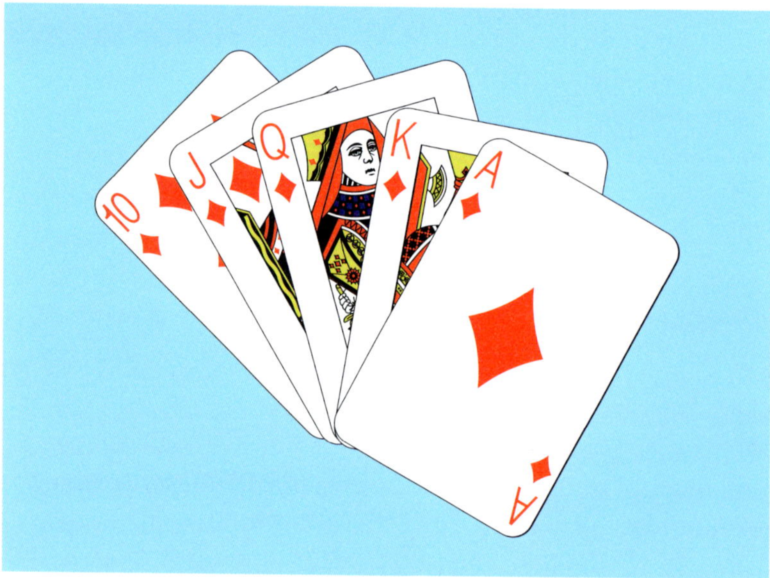

- **SATZ:** Karten des gleichen Wertes (etwa die Zehnen, die Zweien)
- **STRAIGHT:** fünf Karten in ununterbrochener aufsteigender Reihenfolge ihrer Werte, aber unterschiedlichen Farben (etwa Kreuz-4, Herz-5, Karo-6, Kreuz-7 und Pik-8)
- **STRAIGHT FLUSH:** fünf Karten in ununterbrochener aufsteigender Reihenfolge ihrer Werte und gleicher Farbe (etwa Pik 4, Pik 5, Pik 6, Pik 7 und Pik 8)
- **STRASSE:** Karten in ununterbrochener aufsteigender Reihenfolge ihrer Werte (etwa 3, 4, 5); mindestens drei Karten
- **ZWEI PÄRCHEN:** fünf Karten mit zwei verschiedenen Zwillingen darin (etwa Herz-5 und Pik-5, dazu Karo-Ass und Kreuz-Ass)
- **ZWILLING (AUCH „PÄRCHEN"):** zwei Karten von gleichem Wert und unterschiedlicher Farbe (etwa Herz-5 und Karo-5)
- **VIERLING:** vier Karten von gleichem Wert und unterschiedlicher Farbe (etwa Kreuz-8, Pik-8, Karo-8 und Herz-8)

GEBRÄUCHLICHE KARTENSPIELBEGRIFFE

- **ABHEBEN:** einen zufällig ausgewählten Teil von einem Kartenstapel oben herunternehmen und jemanden die Karten, die darunter waren, darauf legen lassen
- **ABWERFEN:** eine oder mehrere Karten ablegen oder abgeben
- **AUSLAGE:** Karten, die zu einem bestimmten Zweck auf dem Tisch gelegt wurden, oder auch deren Anordnung
- **GEBEN:** Karten von einem gemischten Stapel an die Spielenden verteilen; Karten werden normalerweise verdeckt gegeben
- **GRUNDBEREICH:** Bereich auf dem Tisch, wohin Karten korrekt ausgespielt und in Grundstapeln angesammelt werden, ausgehend üblicherweise von einer Grundkarte und die übrigen Kartenwerte in Folge darauf, entweder in derselben oder abwechselnden Kartenfarben. Ziel ist es, alle Karten in den Grundbereich zu spielen
- **HAND:** Karten eines Spielenden; die anderen sehen diese nicht
- **JOKER:** Karte, der ein beliebiger Wert und eine beliebige Farbe zugeordnet werden, die also für jede andere Karte stehen kann
- **LIZITATION:** Ankündigung, wie viele Stiche oder Punkte jemand in einer Runde zu gewinnen hofft
- **MISCHEN:** zufälliges Verändern der Kartenfolge in einem Stapel
- **RESERVE:** Karten, die sich nach dem Kartengeben weder auf einer Hand noch im Talon oder einer Auslage befinden
- **RUNDE:** Spielphase, in der alle einmal an die Reihe kommen
- **STICH:** Kartenhäuflein, auf das im Zuge einer Runde alle Mitspielenden je eine Karte spielen (bzw. bereits gespielt haben)
- **TALON:** Kartenstapel, von dem während des Spiels neue Karten gezogen werden können
- **TRUMPF:** Kartenfarbe, die in einem Spiel zu derjenigen bestimmt wird, die besser sein soll als die anderen
- **ZIEHEN:** eine oder mehrere Karten aufnehmen

EIN HINWEIS

Meist werden die Regeln von Kartenspielen persönlich von einem Menschen zum andern weitergegeben, und mit der Zeit können sie sich entwickeln und verändern. Infolgedessen gibt es für die meisten Kartenspiele auch keine „offiziellen" Regeln. In diesem Buch habe ich mir einige Freiheiten mit den überlieferten Regeln mancher Spiele erlaubt; für andere Spiele, die normalerweise mit speziellen Kartensätzen gespielt werden, habe ich Regeln im französischen Blatt entwickelt, und von ein paar Spielen stelle ich hier wenig bekannte Varianten vor – alles, um dir eine große Auswahl familienfreundlicher Kartenspiele zu bieten. Deswegen solltest du die Beschreibungen in diesem Buch aufmerksam lesen, da die hier vorgestellte Version ja vielleicht von der abweicht, die du bereits kennst.

Eins der tollsten Dinge am gemeinsamen Spielen in der Familie besteht aber natürlich darin, eigene Regeln und Varianten entwickeln zu können! Wenn du die Grundzüge verstanden hast, darfst du gerne mit eigenen Versionen experimentieren.

ZU DIESEM BUCH

Um es leichter zu machen, Kartenspiele einer bestimmten Art zu finden, ist dieses Buch entsprechend der Zahl der Mitspielenden in drei Teile aufgeteilt. Teil 1 stellt Spiele für zwei oder mehr Spielende dar. In Teil 2 finden sich Spiele für genau zwei. Und in Teil 3 sind Spiele für eine Person – die sogenannten Patiencen. Dabei sind die Spiele in jedem nach aufsteigender Schwierigkeit angeordnet, von leicht über mittel bis schwer.

Für alle Spiele werden ein paar Grundmerkmale angegeben, um leichter herausfinden zu können, ob ihr sie spielen möchtet. Im Einzelnen finden sich für jedes Spiel:

- **SCHWIERIGKEITSSTUFE:** leicht, mittel oder schwer
- **ZAHL DER SPIELENDEN**
- **ALTERSGRUPPE**
- **SPIELDAUER (NORMALERWEISE)**

- **SPIELZIEL**
- **FÄHIGKEITEN:** Ich finde ja, wir sollten jede Gelegenheit nutzen, Fähigkeiten zu fördern und zu entwickeln, und deshalb wird für manche Spiele angegeben, welche Fähigkeiten sie besonders fördern
- **SPIELMATERIAL:** Ob bestimmte Karten aus dem Spiel genommen werden und was für Hilfsmittel bei diesem Spiel noch nützlich sein können
- **SO WIRD GEGEBEN:** Wie viele Karten die Mitspielenden jeweils bekommen, und ob diese einzeln gegeben werden oder in Päckchen von zwei oder mehr
- **SO WIRD GESPIELT:** Wie das Spiel abläuft, in allen erforderlichen Einzelheiten

Ich hoffe, dass dieses Buch für dich zu einer Ressource wird, mit deren Hilfe du fröhliche Spieleabende mit der Familie verbringen kannst – weshalb ich auch noch einige Tipps für den „Spieleabend mit der Familie" dazugeschrieben habe. Das sind ganz einfache Ideen, um das Spiel mit der Familie noch ein wenig mehr zu etwas Besonderem zu machen. Zu manchen Spielen führe ich auch Varianten auf, um der Entwicklung deiner eigenen auf die Sprünge zu helfen. Und ein paar interessante, aber weniger bekannte Informationen finden sich ebenfalls über das ganze Buch verstreut – die entdeckst du unter der Überschrift „Wusstest du schon?".

Wollt ihr gleich losspielen? Falls deine Kinder noch etwas jünger sind, empfehle ich für den Anfang Happy Families (S. 26): dieses Spiel hat nicht nur einen einladenden Namen, sondern ist auch ganz einfach zu lernen und zu spielen. Steht euch der Sinn nach einem schnellen, quirligen Spiel, könnt ihr es mit James Bond (S. 27) probieren – das eignet sich für bis zu sechs Spieler, und kein Spiel dauert länger als fünf Minuten. Wenn es auch etwas länger sein darf, versucht Too Many Monkeys (S. 84) – da bekommen alle Gelegenheit, ein wenig herumzualbern. Oder hättet ihr gerne ein schwierigeres Spiel, für etwas größere Kinder? Dann stellt mit Rook (S. 107) euer strategisches Talent unter Beweis.

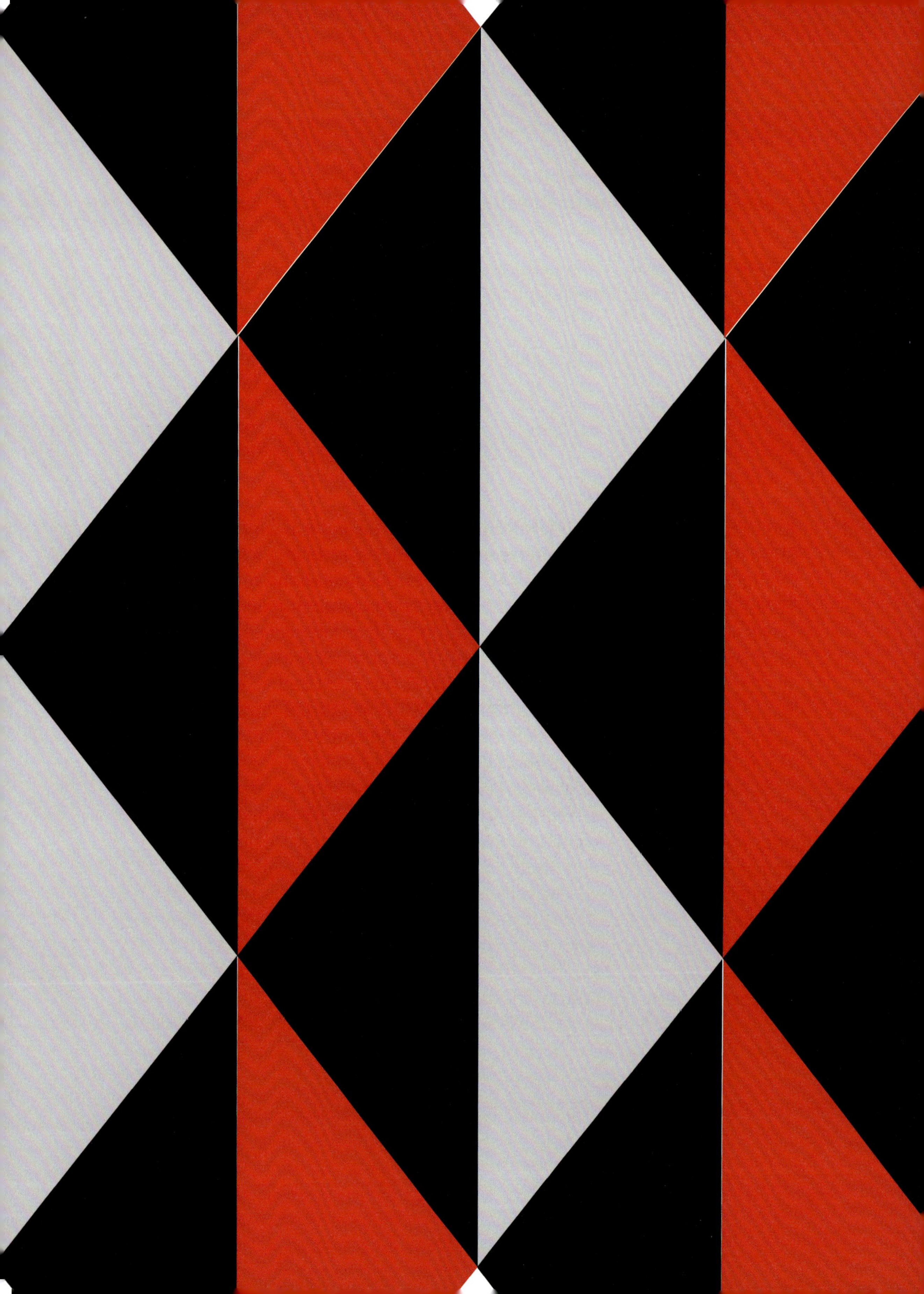

Teil Eins

SPIELE FÜR ZWEI ODER MEHR

LEICHT

31

ZWEI ODER MEHR | **ALTERSGRUPPE: 7+** | **SPIELDAUER:** 30 Minuten

31 ist auch bekannt als „Blitz" und eine unterhaltsame Kombination aus Blackjack, Texas Hold 'Em-Poker und UNO. Kindern macht es so viel Spaß, herauszufinden, ob jemand falsch geklopft hat, dass sie gar nicht merken, wie sie dabei Mathe üben.

SPIELZIEL: Bis zuletzt im Spiel bleiben | **FERTIGKEITEN:** Addition

SPIELMATERIAL:

- ein Kartenspiel ohne Joker; für alle Mitspielenden je drei Zählsteine (Münzen, Knöpfe, Bonbons)

So wird gegeben

Alle Spielenden bekommen reihum je eine Karte, bis alle drei Karten auf der Hand haben. Die übrigen Karten kommen als Talon in die Mitte. Zur Eröffnung des Abwurfstapels wird die oberste Karte vom Talon aufgedeckt und daneben gelegt.

So wird gespielt

1. Wer links vom Gebenden sitzt, fängt an und zieht entweder die oberste Karte vom Talon oder nimmt sich die oberste Karte des Abwurfstapels. Dann muss von derselben Hand eine Karte wieder abgeworfen werden – mit Augenmerk darauf, die Hand so zu ändern, dass sich über mehrere Durchgänge eine Summe von 31 Punkten ansammelt. Die abgeworfene Karte wird offen auf den Abwurfstapel gelegt. Es geht im Uhrzeigersinn weiter, und die Spielenden ziehen reihum entweder eine neue Karte vom Talon oder nehmen die oberste vom Abwurfstapel.

2. Der Wert einer Hand wird mit Karten nur einer Kartenfarbe ermittelt. Der höchste mögliche Wert mit drei Karten ist 31: Asse zählen 11 Punkte, Bildkarten und Zehnen 10 Punkte, alle anderen Karten den aufgedruckten Wert. Besteht eine Hand aus Karten dreier unterschiedlicher Farben, so entspricht ihr Wert dem höchsten einzelnen Kartenwert. Sollten zwei Karten die gleiche Farbe haben, so entspricht der Wert der Hand der Summe der Werte dieser beiden Karten.

3. Wer glaubt, unter allen Mitspielenden die Hand mit dem höchsten Kartenwert zu haben, klopft auf den Tisch, und alle müssen ihre Karten aufdecken. Sollte die Kartenhand, die geklopft hat, tatsächlich die höchste sein, so erhält sie einen Zählstein von der niedrigsten Hand. Hat die Kartenhand, die geklopft hat, nicht den höchsten Punktwert der Runde, so muss sie selbst einen Zählstein abgeben und in die Mitte legen. Dieser Zählstein ist nicht länger im Spiel und kann nicht zurückgewonnen werden. Wer keine Zählsteine mehr hat, ist aus dem Spiel. Wer als letztes noch einen Zählstein übrig hat, gewinnt.

LEICHT

MOGELN

ZWEI ODER MEHR **ALTERSGRUPPE:** 7+ | **SPIELDAUER:** 10 Minuten

Dieses Spiel ist auch bekannt unter den Namen Schummellieschen oder Bullshit; es stellt auf die Probe, wie gut die Spielenden zu bluffen und den Bluff anderer zu entdecken vermögen.

SPIELZIEL: alle Karten loswerden

SPIELMATERIAL:

- ein Kartenspiel ohne Joker

So wird gegeben

Alle Mitspielenden erhalten reihum eine Karte, bis entweder alle Karten ausgeteilt sind oder weniger Karten übrig sind, als es Mitspielende gibt. Übrige Karten werden umgedreht als Abwurfstapel auf den Tisch gelegt.

So wird gespielt

1. Wer links vom Gebenden sitzt, fängt an, legt verdeckt alle Asse von der eigenen Hand auf den Abwurfstapel und sagt laut an, was gespielt wird (also etwa „zwei Asse“). Wer keine Asse hat, kann entweder passen oder versuchen, zu „mogeln“ – ein bis vier eigene Karten abwerfen und behaupten, das seien alles Asse. Die nächste Person muss alle seine 2en abwerfen, die wieder nächste ihre 3en, und immer so weiter.

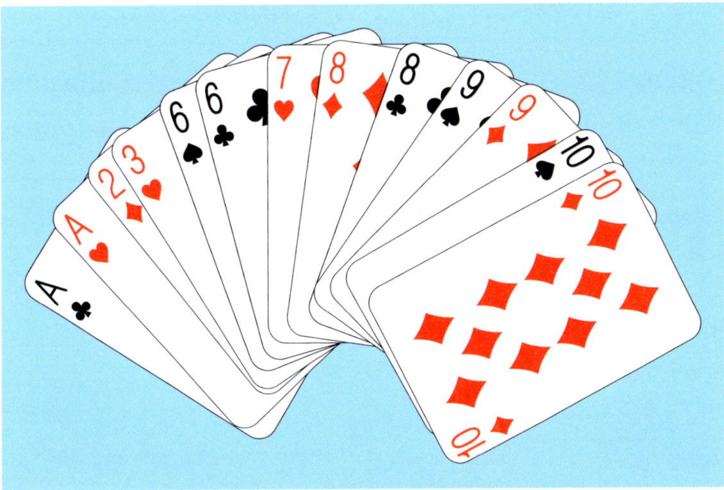

2. Zwar müssen alle stets ehrlich ansagen, wie viele Karten sie abwerfen (das können schließlich alle sehen!), doch was für Karten es sind – dabei lässt sich lügen und ein anderer Wert abwerfen als der, der im Augenblick erwartet wird. Wer beispielsweise die (oben) abgebildete Kartenhand hat, wird sich außerstande sehen, im Bedarfsfall eine 4 zu spielen. Stattdessen könnte etwa eine 6 abgeworfen werden, begleitet von der Ansage „eine 4“ – und zu hoffen, dass niemand das anzweifeln wird; es wäre auch möglich, „eine 6“ anzusagen – und zu hoffen, dass niemand bemerkt, dass die noch gar nicht an der Reihe ist.

3. Ist die Runde beim König angekommen, geht es wieder von vorne los mit dem Ass. Möchte jemand die letzte Ansage eines Mitspielenden in Zweifel ziehen, wird laut „Gemogelt!“ gerufen, und wer die angezweifelte Ansage gemacht hat, muss die abgeworfenen Karten aufdecken. Handelt es sich tatsächlich um Karten wie angesagt, muss die zweifelnde Hand den ganzen Abwurfstapel aufnehmen. War die Ansage dagegen tatsächlich gemogelt, so geht der Abwurfstapel auf die Hand der Person, die sie gemacht hat.

LEICHT

GO FISH

ZWEI ODER MEHR **ALTERSGRUPPE: 4+** | **SPIELDAUER:** 10 Minuten

Go Fish, „Geh fischen!", ist ein klassisches Suchspiel, das so leicht ist, dass auch kleine Kinder mitspielen können, und ein Spaß für die ganze Familie!

SPIELZIEL: die meisten „Bücher" bekommen (Sätze von vier gleichen Karten
FERTIGKEITEN: Karten kennen

SPIELMATERIAL:

◊ ein Kartenspiel ohne Joker

So wird gegeben

Die Karten werden einzeln ausgeteilt; bei zwei oder drei Mitspielenden bekommen alle je sieben Karten, bei vier oder mehr je fünf. Übrige Karten werden verdeckt in der Mitte des Tisches ausgebreitet und stellen den Fischteich dar (der hier an die Stelle des Talon tritt).

So wird gespielt

1. Wer links vom Gebenden sitzt, fängt an und fragt eines der anderen Mitspielenden nach einem Kartenwert, den es auch selbst auf der Hand hat (etwa: „Hast du Zweien?"). Wer gefragt wurde, muss alle Karten dieses Wertes an die Hand abgeben, die die Frage gestellt hat. Danach darf dieselbe Person eine andere Person (oder auch dieselbe) nach einem anderen Wert fragen, den sie ebenfalls auf der Hand hat, und darf damit so lange weitermachen, wie die Gefragten den Fragen entsprechen können. Wer allerdings den angefragten Kartenwert nicht hat, sagt: „Geh fischen!" Dann muss die Person, die bisher gefragt hat, eine Karte aus dem Fischteich ziehen und darf nicht mehr weiterfragen. Als nächstes ist die Person zu ihrer Linken an der Reihe.
2. Wer alle vier Karten desselben Kartenwertes beisammen hat, hat ein „Buch" und legt es vor sich als Päckchen auf den Tisch. Das Spiel geht weiter, bis alle 13 Bücher zusammengestellt sind. Wer die meisten Bücher hat, gewinnt.

SPIELEABEND MIT DER FAMILIE

WER FÄNGT AN?

Manchmal ist das Schwierigste am Spieleabend mit der Familie die Klärung der Frage, wer als erstes gibt oder ausspielt. Manchmal liegt das daran, dass alle nett sein wollen und diese mutmaßlich wichtige Position deswegen nicht für sich beanspruchen. Manchmal wollen es aber auch alle unbedingt selber sein! Ganz gleich, an was es liegt, hier sind ein paar Vorschläge, wie die Frage sich ohne großes Drama lösen lässt:

- Eine Runde Schere-Stein-Papier
- Alle ziehen eine Karte; die höchste gewinnt.
- Alle Mitspielenden schreiben ihre Namen auf Zettel, die in einen Beutel kommen, und einer wird gezogen.
- Jemand zählt laut bis drei, dann halten alle 0 bis 5 Finger hoch. Dann werden entweder:
    - ◊ alle Finger zusammengezählt und durch die Zahl der Mitspielenden geteilt. Wer die entsprechende Anzahl von Fingern gezeigt hat, fängt an. Oder es werden
    - ◊ alle eliminiert, die dieselbe Zahl von Fingern heben. Wer von denen, die übrig sind, die meisten Finger gehoben hat, fängt an.

Wenn Spiele über mehrere Runden gehen, kann anhand eines der folgenden Kriterien bestimmt werden, wer anfängt:

- von den jüngsten zu den ältesten
- nach dem Geburtsmonat von Januar bis Dezember (und dem Tag, falls zwei in der Runde im selben Monat Geburtstag haben)
- von A bis Z nach dem ersten Buchstaben der Vornamen der Mitspielenden
- von den kleinsten zu den größten
- in der Farbfolge des Regenbogens (rot, orange, gelb, grün, blau, lila) nach der Farbe der getragenen Oberteile

LEICHT

HAPPY FAMILIES

ZWEI ODER MEHR | **ALTERSGRUPPE: 4+** | **SPIELDAUER:** 10 Minuten

Happy Families („Fröhliche Familien"), in den USA auch bekannt als Authors, stammt ursprünglich aus Großbritannien und erfordert eigentlich ein eigenes Kartenspiel mit lustigen Figuren als Kartenbildern. Es ist ähnlich wie Go Fish und eignet sich hervorragend für kleine Kinder.

SPIELZIEL: die meisten „fröhlichen Familien" sammeln (Sätze von vier gleichen Karten)

FERTIGKEITEN: Karten kennen

SPIELMATERIAL:

◊ ein Kartenspiel ohne Joker

So wird gegeben

Reihum erhalten alle Spielenden eine Karte, bis alle ausgegeben sind.

So wird gespielt

1. Wer links vom Gebenden sitzt, fängt an und bittet eine andere Person um einen Kartenwert einer bestimmten Kartenfarbe (also etwa: „Hast du die Karo-5?"). Wer um eine Karte gebeten wird und diese auch auf der Hand hat, muss sie an die Person abgeben, die die Frage gestellt hat. Sollte jemand die angefragte Karte nicht auf der Hand haben, so endet der Zug. Nun ist die nächste Person an der Reihe, um Karten zu bitten (es geht reihum im Uhrzeigersinn).

   Solange die Angesprochenen diese jeweils auf der Hand haben, kann die Person, die an der Reihe ist, weiter machen. Der Zug endet, sobald jemand eine angefragte Karte nicht auf der Hand hat.

2. Wer vier Karten mit demselben Spielwert beisammen hat, hat eine "fröhliche Familie" und legt sie umgedreht vor sich als Päckchen auf den Tisch. Das Spiel geht weiter, bis alle fröhlichen Familien zusammengebracht sind. Wer die meisten Familien hat, gewinnt.

LEICHT

JAMES BOND

ZWEI ODER MEHR | **ALTERSGRUPPE:** 7+ | **SPIELDAUER:** 5 Minuten

Ein neueres Spiel, das sich bei Kindern großer Beliebtheit erfreut. Es spielt sich rasant und ist leicht zu erlernen – ein Vergnügen für die ganze Familie!

SPIELZIEL: In allen Stapeln vier gleiche Karten haben.

SPIELMATERIAL:

◊ ein Kartenspiel ohne Joker (bei 4–6 Mitspielenden zwei Kartenspiele)

So wird gegeben

Bei drei oder sechs Mitspielenden erhalten alle je vier Päckchen aus vier umgedrehten Karten; zu zweit, zu viert oder zu fünft sechs solche Päckchen (wie im Bild auf S. 28 gezeigt). Die übrigen Karten werden zwischen den Mitspielenden in einer Reihe ausgelegt.

So wird gespielt

1. Wer gegeben hat, ruft „Los!", dann beginnen die Spielenden alle gleichzeitig das Spiel. Sie nehmen ihre Päckchen einzeln auf, sehen sich die Karten darin an und entscheiden dann, ob sie eine davon gegen eine der aufgedeckten Karten in der Mitte eintauschen möchten, um dem Ziel eines Päckchens aus vier gleichen Karten näher zu kommen. Dabei dürfen sie nur je ein Päckchen aufnehmen und auch immer nur eine Karte auf einmal austauschen. Es ist nicht erlaubt, Karten zwischen den eigenen Päckchen direkt zu tauschen. Es wird auch nicht in Runden gespielt; alle tauschen gleichzeitig. Wer als erstes in allen Päckchen jeweils vier gleiche Karten hat, ruft „James Bond!", und das Spiel endet.

FORTSETZUNG

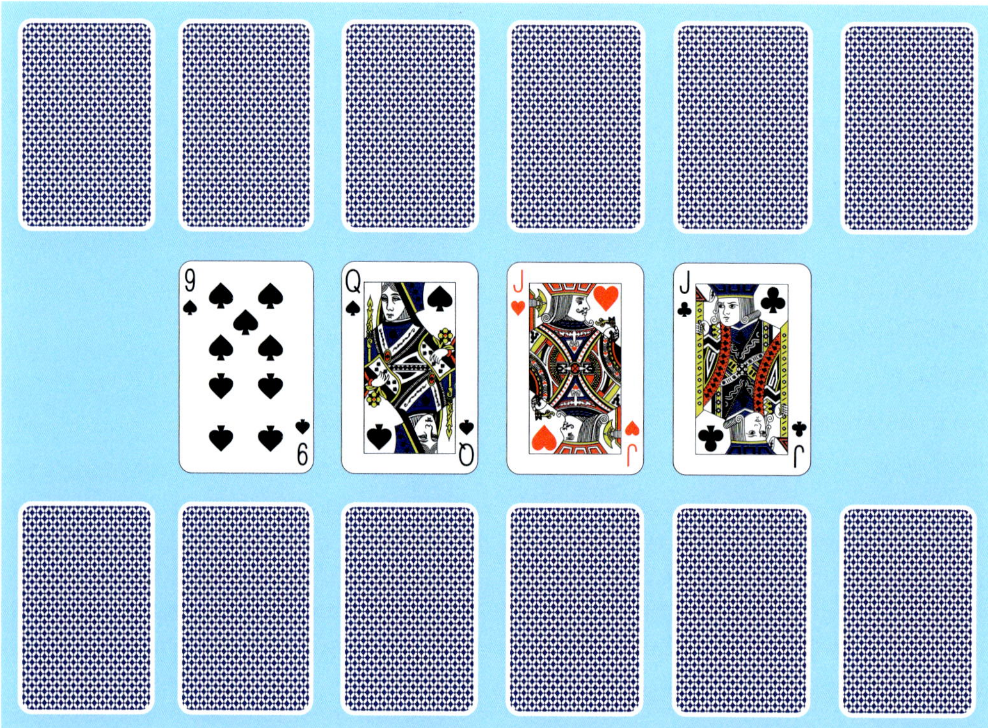

LEICHT

10 FINDEN

ZWEI ODER MEHR | **ALTERSGRUPPE:** 7+ | **SPIELDAUER:** 10 Minuten

Bei diesem Spiel geht es weniger ums Gewinnen oder Verlieren – es ist einfach eine lustige Möglichkeit, die Grundlagen der Addition zu üben!

SPIELZIEL: möglichst viele Kombinationen zum Wert 10 zusammenbekommen
FERTIGKEITEN: Addition

SPIELMATERIAL:

- ein Kartenspiel ohne Bildkarten, ohne Zehnen und ohne Joker

So wird gegeben

12 Karten werden aufgedeckt in die Mitte des Tisches gelegt, in drei Reihen zu je vier Karten. Alle übrigen Karten werden in einem Stapel verdeckt als Talon daneben gelegt.

So wird gespielt

1. Wer links vom Gebenden sitzt, fängt an und sucht unter den aufgedeckten Karten ein Paar heraus, dessen Werte zusammengezählt genau zehn ergeben. Diese beiden werden herausgenommen und landen auf dem Sammelstapel des Spielenden. Dann werden für die frei gewordenen Positionen zwei neue Karten vom Talon gezogen, und es geht im Uhrzeigersinn weiter, bis sich keine Kombination mehr bilden lässt, die den Wert Zehn ergibt.

VARIANTE: Mit etwas älteren Kindern kann das Spiel gespielt werden wie beschrieben, jedoch mit der Auflage, dass die Spielenden außerdem das Produkt ansagen müssen, das bei Multiplikation der beiden Werte entsteht.

LEICHT

MEMO

ZWEI ODER MEHR **ALTERSGRUPPE: 4+** | **SPIELDAUER:** 10 Minuten

Mit diesem Spieleklassiker, in den USA auch bekannt als Concentration, können Kinder hervorragend lernen, sich zu konzentrieren und längere Zeit bei einer Sache zu bleiben.

SPIELZIEL: die meisten Karten mit gleichem Wert finden
FERTIGKEITEN: Konzentration, Erinnerungsgabe

SPIELMATERIAL:

◊ ein Kartenspiel ohne Joker

So wird gegeben

Alle Karten werden verdeckt in gleichmäßigen Reihen auf dem Tisch ausgelegt.

So wird gespielt

1. Wer am jüngsten ist, fängt an. Nacheinander drehen die Mitspielenden reihum je zwei Karten um. Wer zwei Karten mit gleichem Wert findet, darf sie vom Spielfeld nehmen und auf den eigenen Sammelstapel legen.
2. Wer Karten mit gleichem Wert gefunden hat, darf weitermachen und so lange immer von neuem zwei Karten aufdecken, bis diese nicht mehr denselben Wert haben. Werden Karten mit unterschiedlichen Werten aufgedeckt, so werden sie wieder umgedreht, und es geht im Uhrzeigersinn weiter. Das Spiel geht so lange, bis alle Karten abgeräumt sind. Wer dann den größten Sammelstapel hat, gewinnt.

VARIANTE: Um das Spiel schwieriger zu machen, kann verlangt werden, dass die Karten nicht nur denselben Wert, sondern auch dieselbe Farbe (rot/schwarz) haben müssen.

LEICHT

PIG

VIER ODER MEHR | **ALTERSGRUPPE: 4+** | **SPIELDAUER:** 20 Minuten

Pig, „Schweinchen“, ist so lustig und dabei so einfach, dass es auch ganz kleine Kinder bereits spielen können. Da es auch mit größeren Gruppen gespielt werden kann, ist es hervorragend für Partys geeignet.

SPIELZIEL: Bis zum Schluss im Spiel bleiben

SPIELMATERIAL:

- ◊ ein Kartenspiel ohne Joker

So wird gegeben

Zunächst werden 13 Päckchen mit je vier Karten gleichen Wertes gebildet. Von diesen werden so viele zusammengenommen, wie es Mitspielende gibt (also beispielsweise fünf Päckchen, wenn fünf Leute um den Tisch sitzen). Die andern werden alle beiseite gelegt und nicht verwendet. Die aufgenommenen Karten werden durcheinander gemischt und einzeln ausgeteilt, bis alle Mitspielenden vier Karten auf der Hand haben.

So wird gespielt

1. Alle schauen sich zugleich an, was für Karten sie auf der Hand haben, und wählen eine aus, die sie abwerfen möchten. Dann schieben alle zugleich erst die abgeworfene Karte weiter nach links und nehmen dann die Karte auf, die sie von rechts erhalten haben. Dann schauen sie sich wieder an, was sie nun auf der Hand haben, und wählen wieder eine Karte aus, die abgeworfen wird. Alle sind bestrebt, vier Karten von gleichem Wert zu bekommen (also zum Beispiel vier Könige). Wer vier gleiche Karten auf der Hand hat, tippt sich mit dem Finger auf die Nase. Daraufhin müssen sich alle anderen auch mit dem Finger auf die Nase tippen. Wer als letztes den Finger an die Nase bringt, ist das „Schweinchen“ und darf nicht weiter mitspielen.

FORTSETZUNG

2. Die Karten werden wieder eingesammelt, ein Satz gleicher Karten wird herausgenommen und beiseite gelegt, und, wer links von der Person sitzt, die in der abgeschlossenen Runde gegeben hatte, gibt neu aus. So wird immer weiter gespielt, bis in der letzten Runde nur noch zwei Spielende übrig sind, von denen eines zuerst vier Gleiche beisammen hat und so gewinnt, da das andere damit aus dem Spiel fliegt.

VARIANTE: Statt Mitspielende sofort aus dem Spiel zu werfen, wenn sie sich zu spät an die Nase fassen, erhalten sie in diesem Fall einen Buchstaben des Wortes PIG (auf Karteikarten oder Notizzettel geschrieben). Mitspielende fliegen erst aus dem Spiel, wenn sie alle drei Buchstaben haben.

LEICHT

ROLLING STONE

VIER BIS SECHS **ALTERSGRUPPE:** 7+ | **SPIELDAUER:** 15 Minuten

Ein lustiges Spiel, das ständige Aufmerksamkeit verlangt – denn wenn es fast schon gewonnen scheint, kann man sich doch plötzlich wieder ganz am Anfang finden.

SPIELZIEL: alle Karten loswerden

SPIELMATERIAL:

◊ ein Kartenspiel ohne Joker, bei vier Mitspielenden außerdem ohne die Kartenwerte 2 bis 6, bei fünf Mitspielenden ohne die Kartenwerte 2 bis 5, bei sechs Mitspielenden ohne die 2en

So wird gegeben

Alle Karten werden einzeln an die Mitspielenden verteilt.

So wird gespielt

1. Wer links von der Person sitzt, die die Karten gegeben hat, beginnt und spielt eine Karte offen in die Mitte. Im Uhrzeigersinn müssen die Mitspielenden nun je eine Karte derselben Kartenfarbe darauf spielen. Wer keine Karte dieser Kartenfarbe mehr hat, muss die Karten aus der Mitte des Tisches zusätzlich auf die Hand nehmen und das Spiel mit einer Karte fortsetzen, die eine andere Kartenfarbe hat als die eben aufgenommenen.

2. Das Spiel geht, bis jemand keine Karten mehr auf der Hand hat und so gewinnt.

LEICHT

GRÜß DEN KÖNIG

ZWEI ODER MEHR | **ALTERSGRUPPE:** 7+ | **SPIELDAUER:** 15 Minuten

Ein einfaches Spiel zum Herumalbern.

SPIELZIEL: als erstes keine Karten mehr haben
FERTIGKEITEN: Aufmerksamkeit, Konzentration

SPIELMATERIAL:

◊ ein Kartenspiel ohne Joker

So wird gegeben

Alle erhalten reihum je eine Karte, bis alle ausgegeben sind. Falls nun manche Mitspielenden mehr Karten haben als andere, so macht das nichts. Alle legen ihre Karten als umgedrehtes Päckchen vor sich hin.

So wird gespielt

1. Wer links von der Person sitzt, die gegeben hat, fängt an. Im Uhrzeigersinn drehen alle Mitspielenden nun nacheinander alle je eine Karte von ihrem Päckchen um und spielen sie in die Mitte. Wenn bestimmte Karten ausgespielt werden, müssen alle Mitspielenden eine festgelegte Handlung ausführen. Zum Beispiel so:
   - Bei einem Ass müssen alle aufstehen.
   - Bei einem König müssen alle salutieren.
   - Bei einer Dame müssen alle die linke Hand aufs Herz legen und den Kopf neigen.
   - Bei einem Buben müssen alle klatschen.
2. Wer die Handlung zuletzt ausführt, muss alle Karten aus der Mitte nehmen. Es wird gespielt, bis jemand keine Karten mehr hat und damit gewonnen hat.

SPIELEABEND MIT DER FAMILIE

ZUM WETTBEWERB MACHEN

Eine ganz besondere Bedeutung bekommt der Spieleabend mit der Familie, wenn er ein selbstverständlicher Bestandteil des Familienlebens wird, der die Familie zusammenhält und Erinnerungen fürs Leben prägt. Um diese wöchentliche Gepflogenheit nicht langweilig werden zu lassen, lässt sich ihr Spannungswert durch Wettkampf-Elemente noch ein wenig steigern.

Was genau jede Woche gespielt wird, mag wechseln – doch wer gewinnt, bekommt auf jeden Fall Punkte, die nachvollziehbar auf einem Blatt, einer Schreibtafel o.ä. irgendwo im Haus festgehalten werden. Wenn du diese Punkte nicht jede Woche eintragen möchtest, kannst du auch einen kleinen Pokal kaufen oder selbst basteln, der allwöchentlich an dasjenige Familienmitglied weitergereicht wird, das gewonnen hat.

LEICHT

SLAPJACK

ZWEI ODER MEHR **ALTERSGRUPPE: 4+** | **SPIELDAUER:** 20 Minuten

Slapjack, „Bubenklopfen", ist ein schnelles Spiel für die ganze Familie, das sehr ausgelassen und laut werden kann, wenn alle zugleich auf die Buben klopfen wollen, um an die Karten zu kommen.

SPIELZIEL: alle Karten bekommen
FERTIGKEITEN: Aufmerksamkeit, Beobachtungsgabe, Hand-Augen-Koordination, Reflexe

SPIELMATERIAL:

◊ ein Kartenspiel ohne Joker

So wird gegeben

Alle erhalten reihum je eine Karte, bis alle ausgegeben sind. Falls manche nun mehr Karten haben als andere, so macht das nichts. Alle legen ihre Karten als umgedrehtes Päckchen vor sich hin.

So wird gespielt

1. Wer links von der Person sitzt, die gegeben hat, fängt an. Im Uhrzeigersinn spielen nun alle nacheinander je eine Karte von ihrem Stapel in die Mitte und drehen sie dabei um. Bei einem Buben müssen alle versuchen, mit der flachen Hand darauf zu schlagen. Wer das zuerst schafft, gewinnt den ganzen Kartenhaufen aus der Mitte.

2. Wer auf die Karte in der Mitte schlägt, obwohl diese gar kein Bube ist, muss eine Karte vom eigenen Stapel an die Person abgeben, die die Karte gespielt hat. Wer keine Karten hat, spielt weiter mit, spielt aber selbst keine Karten aus. Das Spiel geht immer weiter, bis jemand auf einen Buben schlägt, wenn alle anderen keine Karten mehr haben.

LEICHT

SCHNAPP

ZWEI ODER MEHR **ALTERSGRUPPE: 4+** | **SPIELDAUER:** 10 Minuten

Ein schnelles, unkompliziertes Spiel, bei dem alle versuchen, sämtliche Karten an sich zu raffen, indem sie als erste gleiche Kartenwerte bemerken – und es erfordert weiter nichts als wache Augen und eine schnelle Hand.

SPIELZIEL: alle Karten an sich bringen
FERTIGKEITEN: Aufmerksamkeit, Konzentration

SPIELMATERIAL:

◊ ein Kartenspiel ohne Joker

So wird gegeben

Alle erhalten reihum je eine Karte, bis alle ausgegeben sind. Falls manche nun mehr Karten haben als andere, so macht das nichts. Alle legen ihre Karten umgedreht als Päckchen vor sich hin, sodass sie davon ziehen können.

So wird gespielt

1. Wer links von der Person sitzt, die gegeben hat, fängt an. Im Uhrzeigersinn decken alle nacheinander jeweils die oberste Karte von ihrem Päckchen auf und legen sie offen daneben – als ihren „Schnapphaufen". Wird eine Karte aufgedeckt, die denselben Wert hat wie die oberste Karte auf einem anderen Schnapphäufen, so müssen die beiden Mitspielenden mit dieser Karte nun „Schnapp!" sagen – wer das zuerst schafft, darf die beiden Schnapphäufen zusammen umgedreht unter das eigene Päckchen legen.

2. Wer „Schnapp!" sagt, ohne eine Karte von gleichem Wert zu haben, muss dem Mitspielenden zur Rechten die oberste Karte vom eigenen Schnapphaufen abgeben.

FORTSETZUNG

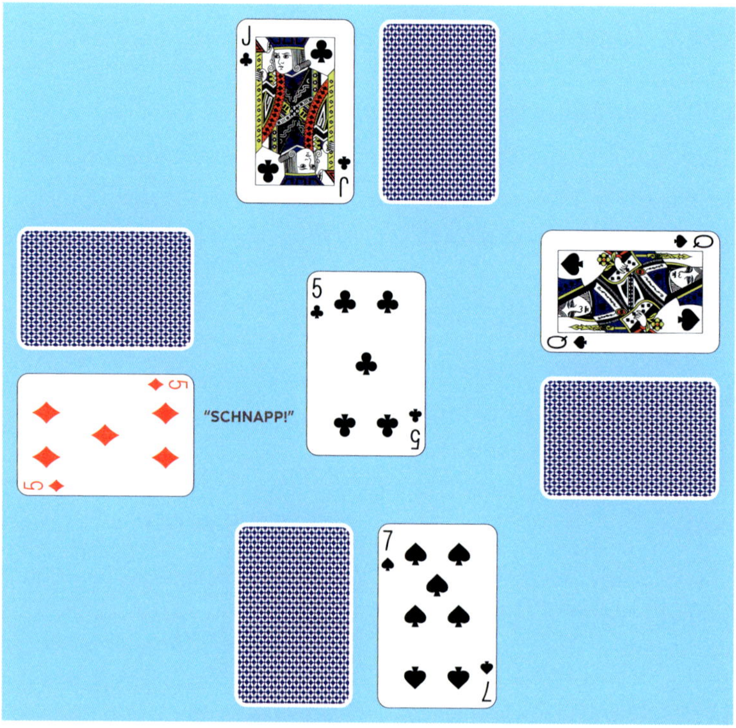

3. Sollten beide gleichzeitig „Schnapp!" sagen, kommen ihre Schnapphäufen wie in der Abbildung gezeigt als kombinierter Haufen in die Mitte. Sobald nun jemand eine Karte mit demselben Wert aufdeckt wie dessen oberste Karte, dürfen alle Mitspielenden „Schnapp!" rufen und dann die Hand flach auf den Haufen legen. Wer das zuerst schafft, bekommt den Schnapphaufen der Person, die diese Karte aufgedeckt hat, und dazu den Haufen aus der Mitte. Sollten auch nun zwei Spielende gleich schnell gewesen sein, so landen ihre Schnapphäufen zusammen auf dem Haufen in der Mitte, und es geht weiter.

4. Das Spiel geht jeweils links von der Person weiter, die zuletzt eine Karte umgedreht hat. Wer keine Karten im Päckchen mehr hat, dreht seinen Schnapphaufen um und verwendet fortan diesen als Päckchen. Das Spiel geht weiter, bis alle Karten in der Hand eines Mitspielenden sind.

LEICHT

SCHNIPP-SCHNAPP-SCHNURR

ZWEI ODER MEHR | **ALTERSGRUPPE: 4+** | **SPIELDAUER:** 10 Minuten

Schnipp-Schnapp-Schnurr ist ein geradliniges Spiel mit wenigen Regeln und Ansagen, für das sich gerade jüngere Kinder sehr begeistern können.

SPIELZIEL: alle Karten loswerden

SPIELMATERIAL:

- ein Kartenspiel ohne Joker

So wird gegeben

Alle erhalten reihum je eine Karte, bis alle ausgeteilt sind. Falls manche nun mehr Karten haben als andere, so macht das nichts. Wenn alle Karten verteilt sind, dürfen die Mitspielenden ihre Hand aufnehmen und ansehen.

So wird gespielt

1. Wer links von der Person sitzt, die gegeben hat, fängt an und spielt eine Karte offen aus. Die nächste Person im Uhrzeigersinn sieht nun nach, ob sich auf ihrer Hand eine Karte mit demselben Wert befindet. Falls ja, sagt sie „Schnipp!" und spielt ihre Karte auf die erste. Falls nicht, muss sie in dieser Runde aussetzen, und es geht im Uhrzeigersinn weiter.
   Wird die dritte Karte mit diesem Wert ausgespielt, ist die Ansage „Schnapp!". Bei der vierten und letzten Karte dieses Wertes sagt dann die Person, die sie spielt, „Schnurr" und darf eine neue Runde beginnen, indem sie eine neue Karte eigener Wahl ausspielt.
2. Wer mehr als eine Karte mit demselben Wert auf der Hand hat wie die ausgespielte Karte, darf diese alle auf einmal ausspielen und muss dazu dann entsprechend „Schnipp", „Schnapp" oder „Schnurr" ansagen. Wer als erstes keine Karten mehr auf der Hand hat, hat gewonnen.

LEICHT

SPEED

ZWEI ODER MEHR **ALTERSGRUPPE: 4+** | **SPIELDAUER:** 10 Minuten

Wie der Name bereits vermuten lässt, ist Speed („Geschwindigkeit") ein schnelles Spiel. Bei einer größeren Zahl von Mitspielenden kann es ziemlich wild werden, wenn alle darum kämpfen, als erstes ihre Karten loszubekommen.

SPIELZIEL: alle Karten loswerden

SPIELMATERIAL:

◊ für je zwei Mitspielende ein Kartenspiel ohne Joker

So wird gegeben

Alle erhalten je 20 Karten verdeckt vorgezählt. Daraus wird jeweils ein verdeckter Nachzugstapel gebildet, von dem die ersten fünf Karten auf die Hand gezogen werden. Außerdem werden Reservestapel mit jeweils fünf Karten gebildet und danach neben jedem Reservestapel eine weitere Karte umgedreht in die Mitte gelegt. Die umgedrehten Einzelkarten sind das Spielfeld. Dort sollten sich nun ebenso viele Reservestapel und Einzelkarten befinden, wie es Mitspielende gibt. In dem abgebildeten Beispiel etwa (auf S. 41) wird zu viert gespielt (d.h. mit zwei Kartenspielen).

So wird gespielt

1. Das Spiel beginnt, indem die Einzelkarten des Spielfeldes aufgedeckt werden. Nun bemühen sich alle zugleich, Karten aus der eigenen Hand auf diese Grundkarten zu spielen. Dazu müssen Karten jeweils entweder den nächsthöheren oder den nächstniedrigeren Wert haben. Die Kartenfarbe ist egal, und Asse zählen weniger als 2en. So lässt sich etwa auf eine 10 entweder ein Bube spielen oder eine 9, auf eine 6 entweder eine 7 oder eine 5. Wer eine Karte aus der Hand gespielt hat, zieht dafür sofort vom Nachziehstapel auf fünf Karten auf.
2. Wenn niemand mehr etwas ausspielen kann, decken alle gleichzeitig je eine Karte von den Reservestapeln am Rande des Spielfeldes auf und legen sie auf je eine Grundkarte.

3. Das Spiel geht weiter, bis jemand alle 20 anfänglich erhaltenen Karten ausgespielt und Nachzugstapel wie auch Hand vollständig abgebaut hat.

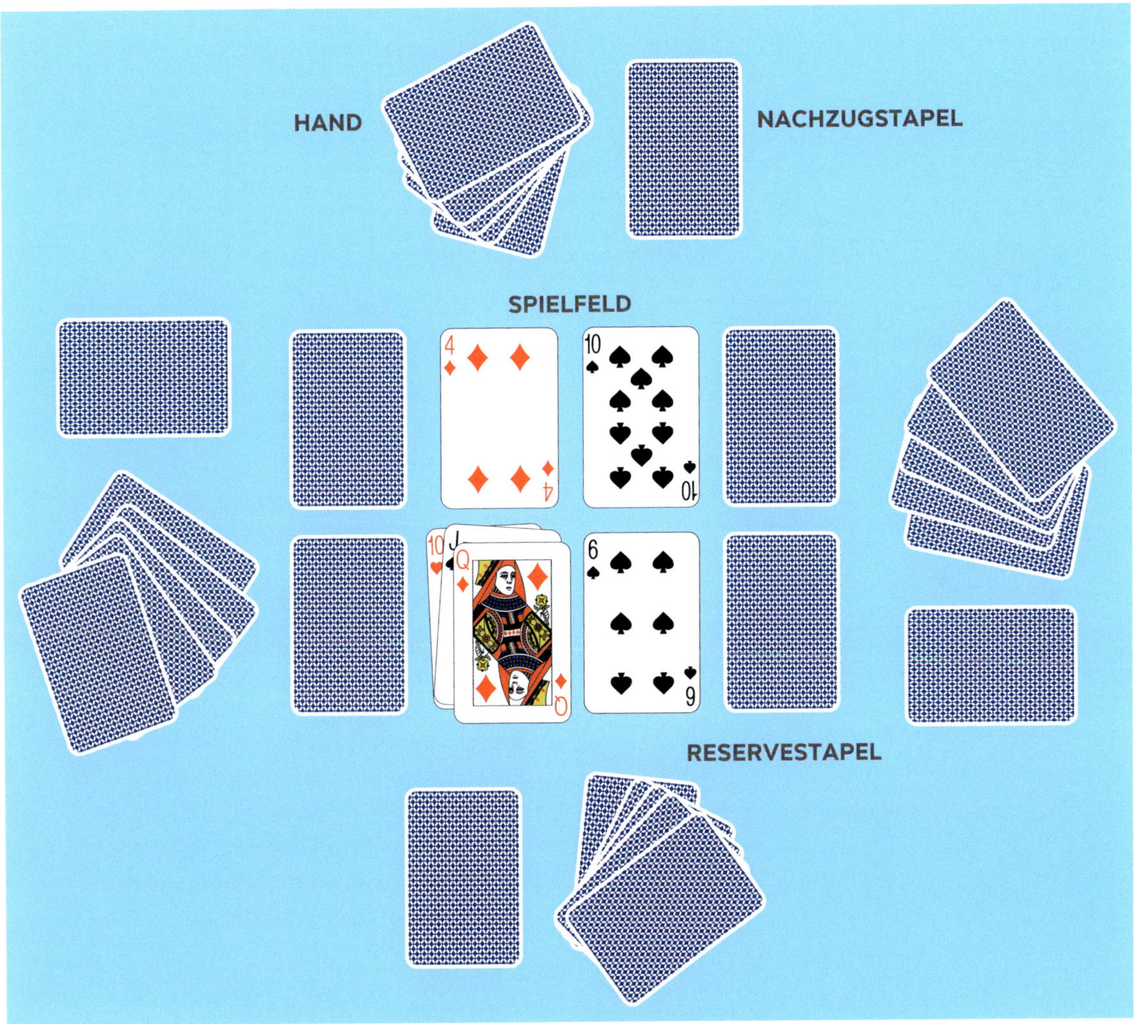

VARIANTE: Das Spiel wird anspruchsvoller, wenn die Hand nicht mehr aus fünf Karten besteht, sondern aus vier.

LEICHT

SPOONS

DREI ODER MEHR | **ALTERSGRUPPE: 4+** | **SPIELDAUER:** 5 Minuten pro Runde

Spoons („Löffel“) ist ein beliebtes Partyspiel für jedes Alter. Bei Licht besehen, ist es so etwas wie die Kartenversion von „Reise nach Jerusalem“.

SPIELZIEL: bis zuletzt im Spiel bleiben | **FERTIGKEITEN:** Beobachtungsgabe

SPIELMATERIAL:

◊ ein Kartenspiel ohne Joker; außerdem ein Löffel weniger, als es Mitspielende gibt

So wird gegeben

Alle Mitspielenden erhalten vier verdeckte Karten.

So wird gespielt

1. Wer gegeben hat, zieht eine Karte vom Talon und nimmt sie auf die Hand. Innerhalb jeder Runde ist das Ziel, vier gleichwertige Karten zu bekommen. Unter diesem Gesichtspunkt wird eine Karte bestimmt, die abgeworfen werden kann, und umgedreht nach links geschoben. Wer dort sitzt, nimmt die Karte auf die Hand, wählt wiederum eine Karte zum Abwerfen und schiebt diese umgedreht nach links. So geht es reihum; alle erhalten immer eine Karte von rechts und geben eine nach links weiter. Wer gegeben hat, darf jederzeit noch eine Karte ziehen, um sie in die Runde einzuspeisen und das Spiel zu beschleunigen.

2. Wer eine Hand mit vier Karten gleichen Wertes hat, nimmt sich aus der Mitte einen Löffel. Das ist für die übrigen Mitspielenden das Zeichen, ihrerseits ebenfalls einen Löffel zu erhaschen zu versuchen. Wer keinen Löffel mehr bekommt, fliegt aus dem Spiel. Die anderen geben ihre Karten und Löffel wieder ab, ein Löffel wird weggenommen, und als nächstes gibt die Person links von derjenigen, die zuletzt gegeben hat. Das Spiel geht weiter, bis nur noch eine Person übrig ist und damit gewonnen hat.

VARIANTE: Wird im Freien gespielt, können die Löffel ein wenig entfernt von der Stelle liegen, wo gespielt wird. Auf diese Weise bekommen die Spielenden nicht nur frische Luft, sondern auch noch ein wenig Bewegung!

LEICHT

STEAL THE PILE

ZWEI ODER MEHR | **ALTERSGRUPPE: 4+** | **SPIELDAUER:** 20 Minuten

Steal the Pile („Stapel stehlen"), auch bekannt als Stealing Bundles („Päckchen packen"), ist ein unterhaltsames Spiel, bei dem Kinder so tun können, als seien sie ein wenig schelmisch, während sie alle sich bemühen, den größten Stapel oder Kartenhaufen zusammenzubekommen.

SPIELZIEL: die meisten Karten sammeln

SPIELMATERIAL:

◊ ein Kartenspiel ohne Joker (bei sechs oder mehr Mitspielenden zwei Kartenspiele)

So wird gegeben

Reihum werden allen verdeckt einzeln Karten gegeben, bis alle vier haben. Dann werden vier Karten als Spielfeld offen in die Mitte gelegt. Die überzähligen Karten kommen zunächst beiseite.

So wird gespielt

1. Wer links von der Person sitzt, die gegeben hat, spielt eine Karte aus der eigenen Hand auf das Spielfeld aus und darf – wenn diese denselben Wert hat wie eine der dort ausliegenden – die beiden als Päckchen zusammennehmen und offen vor sich ablegen. Alle dürfen Päckchen sowohl vom Spielfeld rauben wie auch von den Mitspielenden. Geraubte Päckchen werden jeweils auf die Stapel gelegt, die die Spielenden bereits vor sich liegen haben. Wird eine Karte ausgespielt, die zu keiner der Karten auf dem Spielfeld passt, so wird sie Grundlage eines neuen Stapels. Im Uhrzeigersinn werden nun weitere Karten ausgespielt und Päckchen bzw. Stapel geraubt, soweit möglich.

2. Nachdem sämtliche Mitspielenden ihre vier Karten ausgespielt haben, übernimmt die Person links von derjenigen, die die Karten für die erste Runde ausgab, die nicht ausgeteilten Karten und teilt wieder allen Mitspielenden vier Karten einzeln und verdeckt aus. Wie gehabt, geht das Spiel links von der Person weiter, die nun gegeben hat.

3. In dieser Weise wird weitergespielt, bis alle Karten ausgeteilt wurden, indem die Ausgabe der Karten alle vier Runden eine Position nach links rutscht. Am Ende der letzten Runde, wenn alle Mitspielenden ihre letzte Karte ausgespielt haben, werden die auf dem Spielfeld verbleibenden Karten dem Mitspielenden mit dem kleinsten Stapel zugeschlagen. Wer am Ende die meisten Karten (d.h. den höchsten Stapel) hat, gewinnt.

LEICHT

SWITCH

ZWEI ODER MEHR **ALTERSGRUPPE: 4+** | **SPIELDAUER:** 15 Minuten

Switch ist auch als Two Four Jack („2-4-Bube“) bekannt und hat einige Ähnlichkeit mit Crazy Eights, aber irrere Karten (d.h., mehr Spezialkarten), die den Spielverlauf ändern, und insofern ist es fast schon wie Mau-Mau.

SPIELZIEL: alle Karten loswerden

SPIELMATERIAL:

◊ ein Kartenspiel ohne Joker (bei fünf oder mehr Mitspielenden zwei Kartenspiele)

So wird gegeben

Alle erhalten je sieben Karten, die reihum einzeln verdeckt ausgeteilt werden. Überzählige Karten werden in einem Stapel verdeckt als Talon in die Mitte des Tisches gelegt. Zur Eröffnung des Abwurfstapels wird die oberste Karte vom Talon aufgedeckt und daneben gelegt.

So wird gespielt

1. Wer links von der Person sitzt, die gegeben hat, fängt an und spielt eine Karte aus der eigenen Hand auf den Ausspielstapel. Diese Karte muss entweder dieselbe Kartenfarbe oder denselben Kartenwert haben wie die Karte oben auf dem Ausspielstapel oder eine Sonderkarte sein.

2. Die Sonderkarten und ihre Auswirkungen:

   - Ass: wer das Ass spielt, kann eine Kartenfarbe verlangen, die als nächstes ausgespielt werden muss
   - 2: wer als nächstes an der Reihe ist, muss entweder zwei Karten vom Talon ziehen oder eine weitere 2 spielen
   - 8: wer als nächstes an der Reihe ist, muss aussetzen
   - Bube: das Spiel geht in der anderen Richtung weiter

3. Wer sich irgendwann außerstande sieht, eine passende Karte auszuspielen, muss so lange Karten vom Talon ziehen, bis es möglich ist. Sollte der Talon abgetragen sein, wird die oberste Karte vom Ausspielstapel genommen, der Rest neu gemischt und als frischer Talon ausgelegt. Das Spiel geht weiter, bis jemand keine Karten mehr auf der Hand hat. Wer als erstes alle Karten aus der Hand gespielt hat, gewinnt.

VARIANTE: Es gibt zahlreiche Varianten mit eigenen Sonderkarten (dass etwa nach einer 4 vier Karten gezogen werden müssen) und Hausregeln (dass etwa Mitspielende, die nur noch eine Karte auf der Hand haben, „letzte Karte" ansagen müssen, ehe jemand anders darauf hinweist – sonst müssen sieben Karten auf die Hand nachgezogen werden).

MITTEL

AGRAM

ZWEI BIS FÜNF | **ALTERSGRUPPE:** 12+ | **SPIELDAUER:** 5 Minuten

Agram eignet sich wunderbar zur Heranführung an Stichspiele wie etwa Euchre oder Spades. Idealerweise wird es zu zweit oder zu viert gespielt, doch auch zu fünft lässt es sich noch gut spielen.

SPIELZIEL: den letzten Stich machen | **FERTIGKEITEN:** Strategie

SPIELMATERIAL:

◊ ein Kartenspiel ohne Joker, ohne Bildkarten, ohne 2en, ohne Pik-Ass

So wird gegeben

Alle Mitspielenden erhalten reihum zweimal drei Karten, insgesamt also sechs.

VARIANTE: Die am weitesten verbreitete Variante dieses Spieles heißt Sink Sink. Dabei werden anstelle von sechs Karten nur fünf Karten ausgegeben (erst drei, dann zwei). Sie eignet sich für bis zu sieben Mitspielende.

So wird gespielt

1. Wer links von der Person sitzt, die gegeben hat, fängt an und spielt eine Karte eigener Wahl aus. Es geht im Uhrzeigersinn weiter; wer an der Reihe ist, muss möglichst eine Karte derselben Kartenfarbe darauf spielen, sonst eine beliebige Karte einer anderen Kartenfarbe. Die höchste Karte der ursprünglich gespielten Farbe holt den Stich; wer diese gespielt hat, legt die Karten auf den Abwurfstapel und beginnt die nächste Runde mit einer Karte eigener Wahl. Wer den sechsten und letzten Stich des Spieles macht, gewinnt.

2. Innerhalb der Kartenfarben hat jeweils das Ass den höchsten Wert, absteigend gefolgt von 10, 9, 8, 7, 6, 5, 4 und 3. Lediglich in Pik ist die 10 der höchste Wert, weil das Pik-Ass zu Anfang herausgenommen wurde.

MITTEL

SIEBZEHN UND VIER

ZWEI ODER MEHR | **ALTERSGRUPPE:** 7+ | **SPIELDAUER:** 2 Minuten

Siebzehn und Vier ist aus den Spielkasinos der Welt als Glücksspiel bekannt, doch eigentlich ist es ein erstklassiges Lernspiel für Kinder, das schnell und einfach zu spielen ist. Wir stellen hier eine Variante ohne den Gebenden-Vorteil vor, den das Spiel in der Kasino-Version hat.

SPIELZIEL: mit den wenigsten Karten den höchsten Gesamtwert zusammenbekommen, aber nicht mehr als 21

FERTIGKEITEN: Addition, Entscheidungsfähigkeit

SPIELMATERIAL:

◊ ein Kartenspiel ohne Joker

So wird gegeben

Alle Mitspielenden erhalten zweimal reihum je eine Karte. Die erste Karte wird offen gegeben, die zweite verdeckt.

So wird gespielt

1. Alle sehen sich ihre verdeckte Karte an. Wer eine Bildkarte und ein Ass hat, hat einen Gesamtwert von 21 und gewinnt auf der Stelle. Sollten mehrere Mitspielende 21 Punkte haben, bekommen diese je eine neue Hand ausgeteilt, und die höchste gewinnt.

2. Buben, Damen und Könige haben den Wert zehn; Asse können (nach Wahl) den Wert eins oder elf haben; alle anderen Karten haben den aufgedruckten Punktewert.

FORTSETZUNG

3. Wenn nach dem ersten Geben niemand 21 Punkte hat, geht es links von der Person, die gegeben hat, im Uhrzeigersinn weiter. Je nach der Summe ihrer offenen und ihrer verdeckten Karte bestimmen reihum alle, ob sie sich noch eine Karte geben lassen möchten. Möchte jemand keine Karte mehr, geht es einfach im Uhrzeigersinn weiter. Alle können sich so viele zusätzliche Karten geben lassen, wie sie wollen, bis sie zu halten beschließen (da sie meinen, mit den Karten auf ihrer Hand genug zu haben), bis sie genau 21 Punkte auf der Hand haben (dann müssen sie halten) oder bis sie mehr als 21 Punkte auf der Hand haben – dann sind sie raus.

4. Wenn alle halten oder raus sind, werden alle Karten aufgedeckt. Wer genau 21 Punkte hat, gewinnt – oder die Punktesumme, die der 21 am nächsten kommt, ohne darüber zu liegen (18 sind also besser als 22). Wenn mehrere Mitspielende zugleich die höchste Punktesumme haben, gewinnt die niedrigste Anzahl von Karten. Sollte auch dies zu einem Gleichstand führen, wird den beiden Spielenden wiederum je eine neue Hand ausgeteilt, und die höchste gewinnt. Beispielsweise gewinnt in dem Bild auf S. 51 die Kartenhand rechts mit insgesamt 19 Punkten, denn die Hand unten ist mehr als 21, und die anderen beiden sind jeweils nur 17.

WUSSTEST DU SCHON? Siebzehn und Vier ist eines der ältesten uns verlässlich bekannten Glücksspiele. Es wird nämlich bereits als *veintiuna* (Einundzwanzig) in Miguel de Cervantes' Don Quijote erwähnt – veröffentlicht im Jahre 1605!

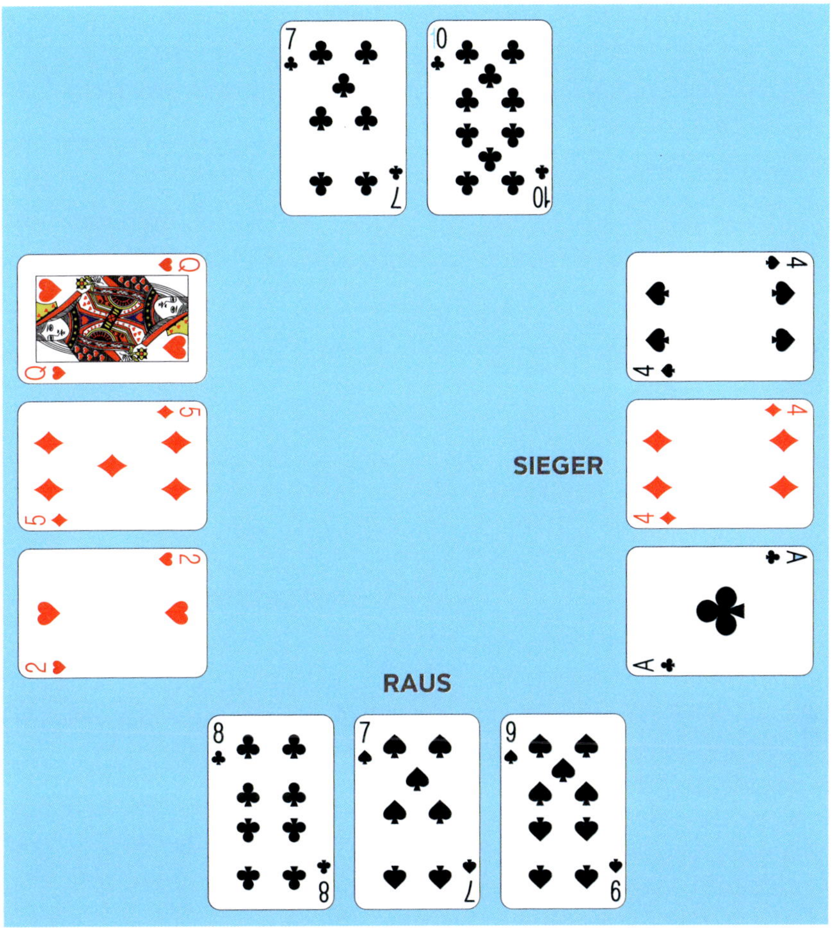
SIEGER
RAUS

MITTEL

CHINESE TEN

ZWEI BIS VIER **ALTERSGRUPPE: 12+** | **SPIELDAUER:** 30 Minuten

Chinese Ten, „Chinesische Zehn", unterscheidet sich von vergleichbaren anderen Kartenspielen, weil es darum geht, Karten aus einer speziellen Auslage zu rauben und nicht von den Mitspielenden. Da Karten geraubt werden können, wenn die Summe Zehn beträgt, bietet das Spiel auch eine unterhaltsame Möglichkeit, mit Kindern einfache Additionsaufgaben zu üben.

SPIELZIEL: durch Rauben von Karten die meisten Punkte zusammenbekommen
FERTIGKEITEN: Addition

SPIELMATERIAL:

◊ ein Kartenspiel ohne Joker

So wird gegeben

1. Insgesamt 24 Karten werden gegen den Uhrzeigersinn reihum einzeln gegeben. Zwei Mitspielende erhalten jeweils 12 Karten, drei Mitspielende jeweils 8 Karten, vier Mitspielende jeweils 6 Karten. Sind diese 24 Karten ausgeteilt, wird der Rest in einem Stapel umgedreht als Talon in die Mitte gelegt. Dann werden vier Karten von diesem aufgedeckt und zu einer Auslage angeordnet, wie auf S. 53 abgebildet.
2. In dem ungewöhnlichen Fall, dass die vier Karten alle denselben Wert haben, so raubt sie die Person, die gegeben hat, und legt vier neue Karten aus.

So wird gespielt

1. Wer rechts von der Person sitzt, die gegeben hat, fängt an. Eine Karte kann auf eine der folgenden Arten vom Tisch geraubt werden:

- Bildkarten und Zehnen können geraubt werden, indem eine gleichwertige Karte gespielt wird (zum Beispiel lässt sich ein Bube mit einem anderen Buben rauben).
- Es kann immer nur eine Karte geraubt werden, außer in folgendem Fall: wenn drei gleiche Karten ausliegen (zum Beispiel drei Damen), können sie alle auf einmal geraubt werden, indem die fehlende Karte dieses Wertes ausgespielt wird (also die vierte Dame).

- Alle anderen Karten können geraubt werden, indem eine Karte gespielt wird, sodass die Werte der gespielten und der geraubten Karte zusammen 10 ergeben (mit einer 3 kann also eine 7 geraubt werden, da 3 + 7 =10).

2. Wird eine Karte geraubt, kommen die ausgespielte und die geraubte Karte zusammen auf den Raubhaufen der Person, die sie geraubt hat. Danach zieht diese eine neue Karte vom Talon und legt sie an die Stelle der geraubten Karte. Sollte mit der neuen Karte eine andere Karte geraubt werden können, gehört der Person auch dieser Raub – in diesem Fall werden die Karten nicht durch neue Karten vom Talon ersetzt.

3. Das Spiel geht weiter, bis keine Karten mehr im Talon sind. Dann berechnen die Mitspielenden ihre Punkte wie folgt:

- Kreuz-Ass = 40
- Pik-Ass = 30
- Karo-Ass, Herz-Ass = 20
- Rote 9en, 10en, Buben, Damen, Könige = 10
- Rote 2en bis 8en = Punktwert der Karte
Rote 2en bis 8en = Punktwert der Karte
- Schwarze 2en bis Könige = 0

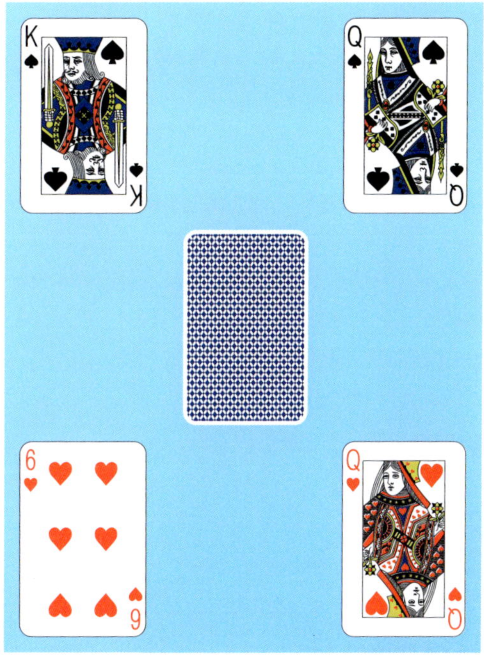

4. Weitere Runden werden gespielt, bis jemand einen Siegpunktestand erreicht, nämlich:

- bei zwei Mitspielenden = 105 Punkte
- drei Mitspielende = 80 Punkte
- vier Mitspielende = 70 Punkte

WUSSTEST DU SCHON? Spielkarten wurden vermutlich im neunten Jahrhundert erfunden, im China der Tang-Dynastie.

MITTEL

CRAZY EIGHTS

ZWEI ODER MEHR | **ALTERSGRUPPE:** 7+ | **SPIELDAUER:** 10 Minuten

Crazy Eights („Irre Achten") ist ein klassisches Kartenspiel für die ganze Familie, das leicht zu erlernen ist und reichlich Gelegenheit für gespielte Entrüstung und kurzen Machtrausch bietet.

SPIELZIEL: alle Karten loswerden | **FERTIGKEITEN:** Karten kennen

SPIELMATERIAL:

◊ ein Kartenspiel ohne Joker

So wird gegeben

Alle Mitspielenden erhalten fünf Karten, die einzeln ausgeteilt werden (zu zweit sieben Karten). Die verbleibenden Karten werden zusammen in einem verdeckten Stapel als Talon auf den Tisch gelegt. Zur Eröffnung des Abwurfstapels wird die oberste Karte vom Talon aufgedeckt und daneben gelegt.

So wird gespielt

1. Wer links von der Person sitzt, die gegeben hat, fängt an und legt von der eigenen Hand eine Karte ab, die entweder denselben Kartenwert oder dieselbe Kartenfarbe hat wie die oberste Karte des Abwurfstapels. Liegt dort beispielsweise eine Herz-7, kann darauf jede Herz-Karte gespielt werden, aber auch jede 7. Wer keine passende Karte hat, muss so lange Karten vom Talon ziehen, bis eine kommt, die passt.
2. Die Achten sind frei und können auf jeden Kartenwert und jede Kartenfarbe gelegt werden. So kann beispielsweise die Pik-8 auf die Herz-3 gespielt werden. Wer danach an der Reihe ist, muss jedoch eine Karte spielen, deren Kartenwert oder Kartenfarbe der Karte entspricht, auf der jetzt die 8 liegt (also immer noch der Herz-3).
3. Gespielte Karten müssen immer zu der Karte ganz oben auf dem Abwurfstapel passen. Das Spiel geht immer weiter, bis jemand alle Karten losgeworden ist und damit gewonnen hat. Sollte der Talon abgetragen sein, ehe das Spiel zu Ende ist, wird der Abwurfstapel gemischt und als frischer Talon für das weitere Spiel verwendet.

MITTEL

DURAK

DREI BIS SECHS | **ALTERSGRUPPE: 12+** | **SPIELDAUER:** 30 Minuten

Ein klassisches russisches Kartenspiel, das dadurch besonders wird, dass die Mitspielenden weniger zu gewinnen versuchen, sondern vielmehr das Verlieren vermeiden wollen.

SPIELZIEL: nicht der durak (russisch „Blödmann") werden, der als letztes noch Karten auf der Hand hat
FERTIGKEITEN: Strategie

SPIELMATERIAL:

◊ ein Kartenspiel ohne Joker

So wird gegeben

Alle Mitspielenden erhalten sieben Karten, reihum einzeln ausgeteilt. Die nächste Karte kommt offen in die Mitte und zeigt an, welche Kartenfarbe in dieser Runde Trumpf ist. Alle übrigen Karten werden in einem Stapel als Talon quer auf die Trumpfkarte gelegt, sodass diese noch immer zu sehen ist.

So wird gespielt

1. Wer links von der Person sitzt, die gegeben hat, fängt an und spielt eine Karte aus. Dies stellt einen Angriff dar; wer links des Angreifenden sitzt, muss sich nun verteidigen. Um den Angriff abzuwenden, muss entweder eine höherwertige Karte beliebiger Farbe gespielt werden oder eine Trumpfkarte. Sollte dies gelingen, darf ein zweiter Angriff nachgeschoben werden – in Gestalt einer Karte mit mindestens demselben Wert wie mindestens eine der bereits gespielten Karten. Wenn zum Beispiel in einem Spiel, in dem Karo Trumpf ist, ein Angriff mit der Herz-6 geführt wird und die Verteidigung mit einer Kreuz-8 erwidert, so ist der Angriff erfolgreich abgewehrt. Wer den

FORTSETZUNG

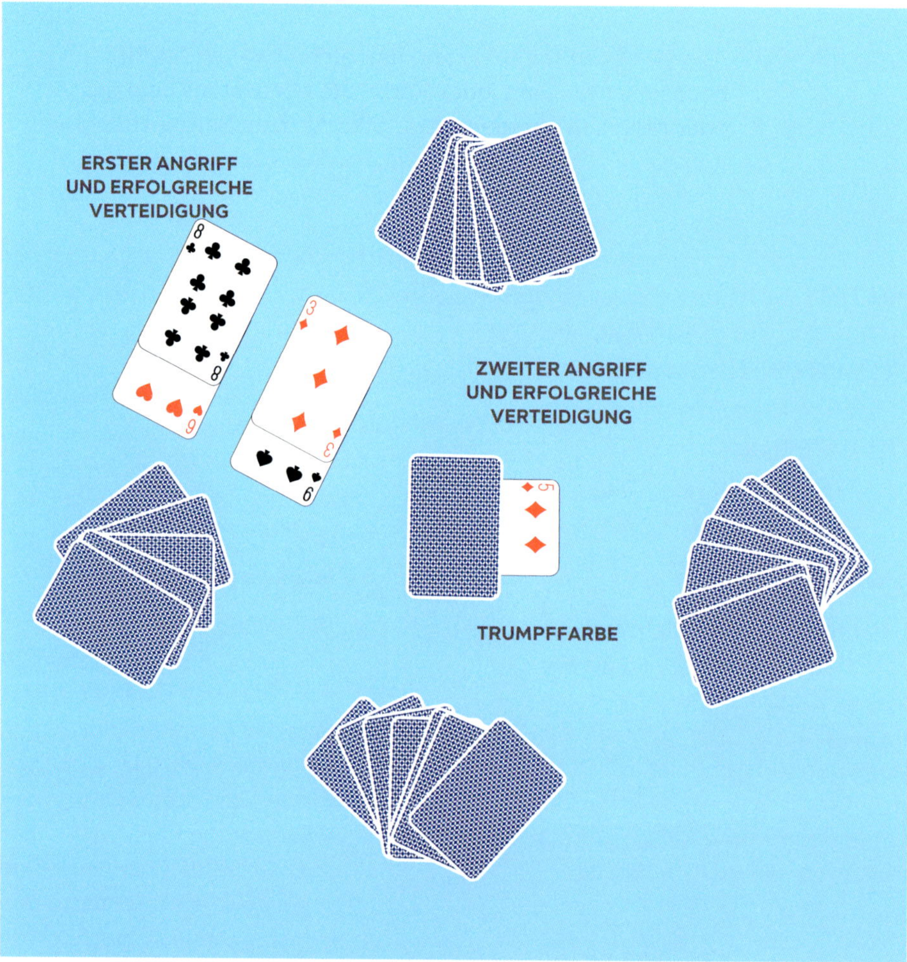

VARIANTE: Eine verbreitete Variante von Durak wird mit weniger Karten gespielt – ohne 5en, 4en, 3en oder 2en. In diesem Fall erhalten die Mitspielenden zu Anfang nicht sieben Karten, sondern nur sechs.

Angriff begonnen hat, kann nun einen zweiten Angriff nachschieben – mit jeder Karte, die mindestens eine 6 ist, oder natürlich mit einer Trumpfkarte. Zum Beispiel könnte nun die Pik-9 nachgeschoben werden – wird dann mit der Karo-3 verteidigt, so ist auch der zweite Angriff erfolgreich abgewehrt. Hat die Verteidigung einem Angriff nichts entgegenzusetzen, so erhält sie alle dabei gespielten Karten und muss sie auf ihre Hand nehmen. Dann geht es im Uhrzeigersinn weiter: wer links von der erfolglosen Verteidigung sitzt, führt den nächsten Angriff, wiederum nach der linken Seite.

2. Wer einen Angriff beginnt, kann immer weiter Angriffe führen, solange (a) die Verteidigung alle bisherigen Angriffe abwehren konnte und (b) noch nicht mehr als sieben Karten für den Angriff gespielt werden (oder so viele Karten, wie die Verteidigung eben noch auf der Hand hat, falls das weniger waren als sieben).

3. Will die Person, die einen Angriff begonnen hat, ihn nicht fortführen, so können andere in diesen Angriff einsteigen – angefangen bei der, die links neben der Verteidigung sitzt, und stets im Rahmen der oben beschriebenen Bedingungen. Wenn die Verteidigung an irgendeinem Punkt den Angriff nicht mehr abwehren kann, muss sie alle Karten auf die Hand nehmen, die bis dahin gespielt wurden.

4. Kann die Verteidigung alle Angriffe abwehren, geht sie selbst in den Angriff, und alle bis dahin gespielten Karten werden beiseite gelegt. Vor dem nächsten Angriff müssen die Mitspielenden jedoch so viele Karten nachziehen, dass sie alle wieder so viele Karten auf der Hand haben wie zu Beginn. Ist der Talon aufgebraucht, können neue Angriffe auch ohne dieses Erfordernis begonnen werden. Es wird immer weiter gespielt, bis eine Person noch Karten hat – das ist der durak, der das Spiel verliert.

MITTEL

EGYPTIAN RAT SCREW

ZWEI ODER MEHR **ALTERSGRUPPE:** 7+ | **SPIELDAUER:** 20 Minuten

Egyptian Rat Screw („Ägyptischer Rattenheber“) ist ein schnelles amerikanisches Spiel um Glück und Schlauheit.

SPIELZIEL: alle Karten bekommen

SPIELMATERIAL:

◊ ein Kartenspiel ohne Joker (bei mehr als sechs Mitspielenden zwei Kartenspiele)

So wird gegeben

Die Karten werden einzeln reihum ausgegeben, bis alle Karten verteilt sind. Die Mitspielenden legen sie umgedreht als Zugstapel vor sich hin.

So wird gespielt

1. Wer links von der Person sitzt, die gegeben hat, fängt an und deckt die oberste Karte des eigenen Zugstapels auf und legt sie in die Mitte. Dann geht es im Uhrzeigersinn immer so weiter: wieder wird vom Zugstapel des Spielenden die oberste Karte aufgedeckt und auf die Karte in der Mitte gelegt – bis dort entweder eine Bildkarte liegt oder ein Ass.

2. Eine Bildkarte oder ein Ass sind eine Prüfung: wer als nächstes an der Reihe ist, muss vom eigenen Zugstapel nun eine Karte gleichen Wertes aufdecken. War die Herausforderung ein Ass, dürfen bis zu vier Karten in der Hoffnung auf ein zweites Ass aufgedeckt werden. Bei einem König sind nur drei Karten erlaubt. Nach einer Dame können nur zwei Karten aufgedeckt werden. Und bei einem Buben gibt es nur eine Gelegenheit, eine gleichwertige Karte aufzudecken.

3. Wird die Prüfung bestanden, wandert sie im Uhrzeigersinn weiter – wer dort sitzt, hat dazu ebensoviele Versuche frei wie zuvor. So geht die Prüfung immer weiter, bis jemand sie nicht in der erlaubten Anzahl von Versuchen besteht. Dann endet die Runde, und wer die Prüfung zuletzt bestanden (oder sie aufgedeckt) hat, gewinnt die Runde, nimmt den ganzen Ausspielstapel an sich, legt ihn unter den eigenen Zugstapel und eröffnet schließlich die nächste Runde. So wird weitergespielt, bis jemand alle Karten hat. Bereits vorher werden einzelne Mitspielende keine Karten mehr haben – und damit aus dem Spiel sein.

VARIANTE: Egyptian Rat Screw wird häufig mit Klopfregeln gespielt. In dieser Variante werden auf dem Abwurfstapel in der Mitte verschiedene Folgen oder Kombinationen beobachtet, und wer diese zuerst bemerkt und auf den Haufen klopft, bekommt den Kartenhaufen. Mögliche Kombinationen sind etwa Doppelte (etwa 7 – 7), das Sandwich (etwa 3 – 8 – 3), die Zehnersumme (etwa 4 – 6), Vier Gleiche (etwa 2 – 2 – 2 – 2) oder die Hochzeit (etwa König – Dame).

MITTEL

GAIN AND LOSS

ZWEI ODER MEHR	ALTERSGRUPPE: 7+	SPIELDAUER: 15 Minuten

Eine einfache und unterhaltsame Gelegenheit, Addition und Subtraktion zu üben.

SPIELZIEL: den höchsten Punktestand zusammenbekommen
FERTIGKEITEN: Addition, Subtraktion

SPIELMATERIAL:

- ein Kartenspiel ohne Joker und ohne Bildkarten; dazu Papier und Bleistift für alle Mitspielenden, um Punktestände zu notieren

So wird gegeben

Die Karten werden gemischt und in einem verdeckten Stapel als Talon in die Mitte gelegt.

VARIANTE: Die Bildkarten bleiben im Spiel und bekommen Punktwerte zugewiesen (Buben = 11, Damen = 12, Könige = 13).

So wird gespielt

1. Zu Beginn notieren sich alle Mitspielenden auf ihrem Blatt als ihren Punktestand 15 Punkte. Wer am jüngsten ist, fängt an und zieht eine Karte vom Talon. Je nach Kartenfarbe wird der Wert dieser Karte zum eigenen Punktestand hinzugezählt oder davon abgezogen. Bei schwarzen Kartenfarben (also Pik oder Kreuz) wird der Kartenwert zum Punktestand hinzugezählt. Bei roten Kartenfarben (Herz oder Karo) wird der Kartenwert vom Punktestand abgezogen.
2. Im Uhrzeigersinn ziehen nacheinander alle Mitspielen reihum je eine Karte, bis der Talon abgetragen ist. Wer am Ende den höchsten Punktestand hat, gewinnt.

SPIELEABEND MIT DER FAMILIE

ZUR PARTY MACHEN

Ein Spieleabend mit der Familie macht viel mehr Spaß, wenn alle wirklich gerne dabei sind. Eine der einfachsten Möglichkeiten, das ein wenig zu befördern, besteht darin, aus dem Spieleabend so etwas wie eine Party zu machen. Das ist einfacher, als du vielleicht denkst! Die wichtigste Komponente (die Unterhaltung) hast du schon: was noch fehlt, sind das Essen, die Musik und vielleicht noch ein paar Preise für Gewinner.

Als Essen könnten Pizza und Limonade bereits genügen; vielleicht machst du alternativ auch ein paar Tüten Chips, Nachos und Dips auf, ehe ihr zum Spielen Platz nehmt. Für die Musik lässt sich bestimmt eine gute Playlist auf Spotify oder Youtube finden, oder ihr schaltet einfach den Lieblingsradiosender der Familie ein. Wenn zum Ende alle auch noch Süßigkeiten oder Kaugummi bekommen, oder irgendwas lustiges wie etwa Knicklichter, dann bist du bereits im Bonusbereich. Schließlich könntest du dir noch einen leicht verfügbaren Preis für den oder die Gewinner des Abends einfallen lassen – also etwa die Oberhoheit über die Fernbedienung für die kommende Woche, oder die Entscheidung, was es zum Abendessen gibt, oder einfach, was nächste Woche gespielt wird.

MITTEL

PENG

ZWEI ODER MEHR **ALTERSGRUPPE: 7+** | **SPIELDAUER:** 5 Minuten

Peng ist eine wunderbar einfache Heranführung an Stichspiele, weil es ohne Trumpfkarten auskommt.

SPIELZIEL: alle Karten loswerden

SPIELMATERIAL:

- ein Kartenspiel ohne Joker (zwei Kartenspiele bei mehr als sechs Mitspielenden)

So wird gegeben

Alle Mitspielenden erhalten sieben Karten, reihum einzeln ausgeteilt. Die übrigen Karten werden umgedreht in einem Stapel als Talon in die Mitte gelegt.

So wird gespielt

1. Wer links von der Person sitzt, die gegeben hat, fängt an und spielt aus ihrer Hand eine Karte aus. Danach müssen alle eine Karte ausspielen, die entweder dieselbe Kartenfarbe oder denselben Kartenwert hat wie die erste Karte. Wird also zum Beispiel eine Kreuz-9 gespielt, müssen alle entweder eine 9 spielen oder eine Kreuz-Karte. Wenn alle eine Karte gespielt haben, endet der Stich.

Wer keine Karte von passender Farbe oder passendem Wert spielen kann, muss vom Talon Karten nachziehen, bis eine gespielt werden kann. Ist der Talon leer, wird ausgelassen, wer nachziehen müsste. Wer die höchste Karte in der Farbe der zuerst gespielten Karte spielt, holt den Stich und beginnt den nächsten. In unserem Beispiel wird der nächste Stich eröffnet von der Person, die zuvor den höchsten Kreuz-Wert ausgespielt hat. Wer am Ende zuerst alle Karten aus der Hand gespielt hat, gewinnt. Um den Effekt noch zu steigern, darf mit der letzten Karte „Peng"! gerufen werden.

MITTEL

GOLF

ZWEI ODER MEHR | **ALTERSGRUPPE: 7+** | **SPIELDAUER:** 15 Minuten

Golf ist ja durchaus nicht unbeliebt, nur in Sammlungen von Kartenspielen taucht es kaum je auf. Wie bei der Sportart geht es auch hier darum, am Ende den niedrigsten Punktestand zu haben.

SPIELZIEL: die wenigsten Punkte ansammeln

SPIELMATERIAL:

◊ ein Kartenspiel ohne Joker und ohne Bildkarten; dazu Papier und Bleistift, um Punktestände zu notieren

So wird gegeben

Alle Mitspielenden erhalten je vier Karten, reihum einzeln ausgeteilt. Die übrigen Karten liegen in einem Stapel umgedreht als Talon in der Mitte. Zur Eröffnung des Abwurfstapels wird die oberste Karte vom Talon aufgedeckt und daneben gelegt.

So wird gespielt

1. Alle legen ihre vier Karten verdeckt als Quadrat vor sich auf den Tisch (wie im Bild auf S. 64). Alle dürfen jeweils nur die zwei Karten ansehen, die auf der ihnen zugewandten Seite des Quadrates liegen, nicht aber die anderen beiden; das Quadrat bleibt jedenfalls verdeckt. Wer links von der Person sitzt, die gegeben hat, fängt an und zieht entweder die oberste Karte vom Talon oder die oberste Karte des Abwurfstapels – oder klopft auf den Tisch, um das Ende des eigenen Zuges mitzuteilen.

FORTSETZUNG

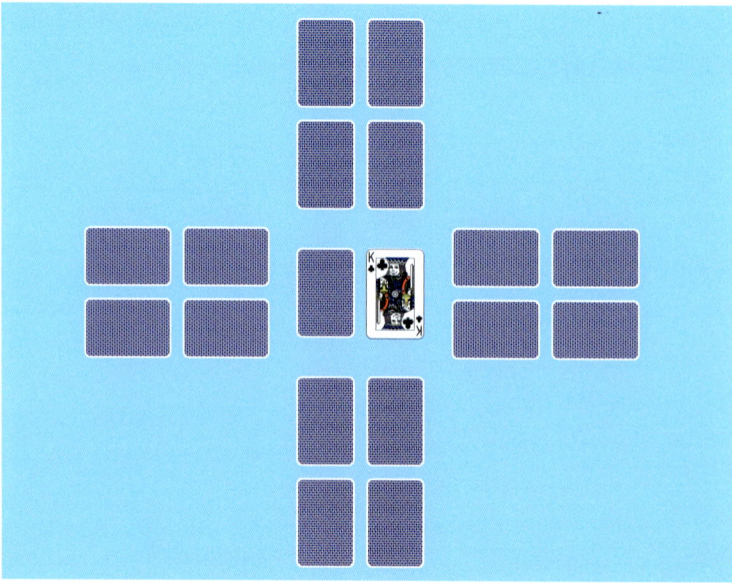

2. Wer eine Karte gezogen hat, sieht sie sich an und entscheidet dann, ob eine der vier Karten des eigenen Quadrates gegen diese Karte ausgetauscht oder die Karte wieder abgeworfen werden soll. Karten dürfen vor dem Austausch nicht angesehen werden – es können jedoch alle Karten getauscht werden, sowohl die bereits angesehenen als auch die ungesehenen. Wer eine der umgedrehten Karten seines Quadrates ansieht, muss diese sofort abwerfen und erhält stattdessen die zuletzt gezogene.

3. Alle Mitspielenden bekommen genau einen Zug, dann endet die Runde. Am Ende der Runde drehen alle die Karten ihres Quadrates um und berechnen ihren Punktestand wie folgt:
    - 2 bis 10 haben jeweils den aufgedruckten Kartenwert, ein Ass ist 1 Punkt wert
    - Buben und Damen geben je 10 Punkte
    - Könige geben 0 Punkte

4. Das Spiel hat neun Runden . Wer am Ende den niedrigsten Punktestand hat, gewinnt.

MITTEL

SCHWARZE DAME

DREI BIS FÜNF | **ALTERSGRUPPE: 7+** | **SPIELDAUER:** 30 Minuten

Schwarze Dame (engl. Hearts) zählt zu den besten Karten-Strategiespielen aller Zeiten. Es bietet eine perfekt ausgewogene Mischung aus Spaß und Spannung.

SPIELZIEL: die wenigsten Punkte ansammeln | **FERTIGKEITEN:** Strategie

SPIELMATERIAL:

◊ ein Kartenspiel ohne Joker und ohne Bildkarten; dazu Papier und Bleistift, um Punkte zu notieren

So wird gegeben

Alle Karten werden reihum einzeln ausgegeben. Bei vier Mitspielenden haben am Ende alle je 13 Karten auf der Hand. Sind es nur drei Mitspielende, wird zuvor die Karo-2 aus dem Spiel genommen, beim Spiel zu fünft die Karo-2 und die Kreuz-2. Auf diese Weise bekommen alle Mitspielenden jedenfalls gleich viele Karten.

So wird gespielt

1. Wer die Kreuz-2 hat (oder zu fünft: die Kreuz-3), fängt an und spielt die erste Karte aus. Wenn möglich, müssen danach gespielte Karten von derselben Kartenfarbe sein wie die zuerst gespielte. Wer keine Karte der zuerst gespielten Farbe hat, darf eine beliebige Karte spielen. Die höchste Karte der zuerst gespielten Farbe holt den Stich; wer diesen gewonnen hat, spielt die erste Karte für den nächsten Stich aus.

2. Es ist nicht möglich, als erste Karte eines Stiches Herz zu spielen, wenn in dem Spiel noch keine „Herzen gebrochen“ wurden (d.h. solange noch niemand in Ermangelung einer Karte der verlangten Farbe eine Herzkarte gespielt hat). Im ersten Stich dürfen noch keine Herzen gebrochen werden, danach aber jederzeit.

FORTSETZUNG

3. Wenn alle Karten gespielt sind, sehen alle Mitspielenden die Karten ihrer Stiche durch und erhalten Strafpunkte wie folgt:

- Pik-Dame = 13 Punkte
- jede Herz-Karte = 1 Punkt

4. Als nächstes gibt die Person links von derjenigen, die zuletzt gegeben hat. Das Spiel geht weiter, bis jemand 100 Punkte hat. Wer dann die wenigsten Punkte hat, gewinnt.

VARIANTE: Häufig wird vor Spielbeginn noch eine Tauschrunde gemacht. Nachdem alle Karten ausgegeben sind, wählen dazu alle Mitspielenden drei Karten aus ihrer Hand, die sie an einen Mitspielenden weitergeben. (Zum ersten Spiel der Runde nach rechts, beim zweiten nach links, und im dritten dem (oder einem) Gegenüber .)

MITTEL

KARMA

ZWEI ODER MEHR | **ALTERSGRUPPE: 7+** | **SPIELDAUER:** 30 Minuten

Karma ist ein wunderbares Spiel, für das es eigene Karten gibt. Ich habe es hier umgeschrieben für ein gewöhnliches Kartenspiel, sodass es auch ohne spezielle Karten gespielt werden kann.

SPIELZIEL: alle Karten loswerden

SPIELMATERIAL:

◊ für je fünf Mitspielende ein Kartenspiel ohne Joker

So wird gegeben

Vor alle Mitspielenden werden nebeneinander je drei verdeckte Karten gelegt, die nicht angesehen werden dürfen. Auf jede verdeckte Karte wird eine weitere Karte offen ausgeteilt. Und schließlich bekommen reihum alle noch einmal drei Karten ausgeteilt, die auf die Hand genommen und angesehen werden. Alle übrigen Karten kommen umgedreht in einem Stapel als Talon in die Mitte.

So wird gespielt

1. Wer links von der Person sitzt, die gegeben hat, fängt an, spielt eine oder mehrere Karten aus der eigenen Hand aus und beginnt damit (neben dem Talon) den Abwurfstapel. Es ist möglich, mehr als eine Karte zu spielen, wenn sie denselben Wert haben (also etwa zwei 4en auf einmal). Dann wird aus dem Talon nachgezogen, sodass die Hand wieder aus drei Karten besteht. Im Uhrzeigersinn geht es weiter; alle müssen Karten spielen, deren Wert mindestens ebensoviel beträgt wie der der Karte auf dem Abwurfstapel. Waren alle einmal an der Reihe, sollte sich ein Bild ähnlich der Abbildung bieten (vgl. S. 68).

FORTSETZUNG

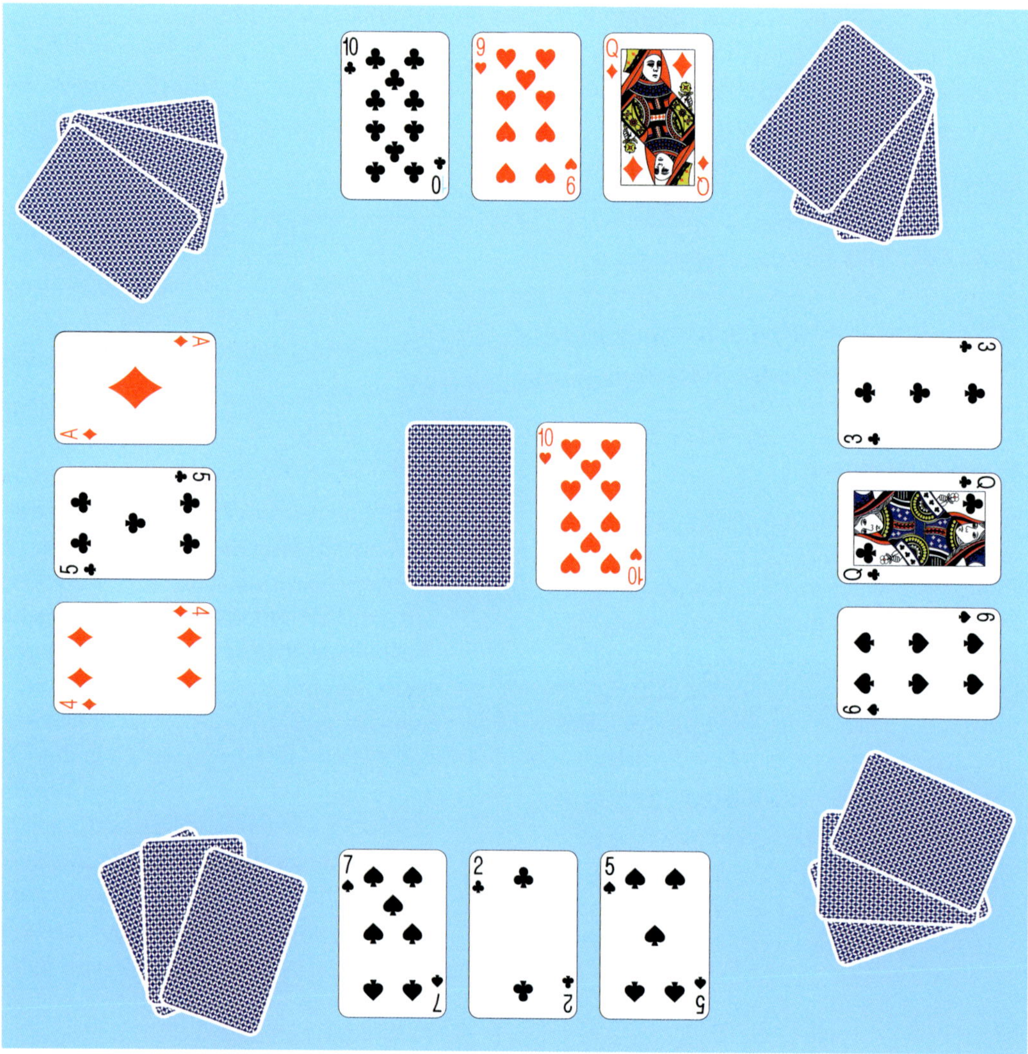

2. Wer die Hand aus dem Talon auf drei ergänzt hat, aber keine Karte von gleichem oder höherem Wert zu spielen vermag, muss den ganzen Abwurfstapel auf die Hand nehmen; die Person zur linken darf daraufhin einen neuen Abwurfstapel beginnen. Sollten jemals drei Karten gleichen Werts auf dem Abwurfstapel liegen, so darf die Person, die die dritte Karte gespielt hat, den ganzen Stapel wegnehmen und beiseite legen (d.h. die Karten sind nicht mehr im Spiel) und einen neuen beginnen.

3. Die offenen Karten, die alle vor sich liegen haben, dürfen erst gespielt werden, wenn die zugehörige Hand leer ist (im Normalfall also erst, wenn der Talon vollständig abgetragen ist). Nur wer alle offenen Karten ausgespielt hat, darf auch die verdeckten Karten seiner Auslage ansehen und spielen. (Angesehen dürfen verdeckte Karten erst, wenn sie auch gespielt werden.) Wer allerdings einen Abwurfstapel auf die Hand nehmen muss, kann wiederum erst dann verdeckte Karten spielen, wenn die Hand abgespielt ist.

4. Nummerierte Karten haben den aufgedruckten Wert. Asse zählen als 1. Die Bildkarten jedoch sind Karmakarten und bewirken folgendes:

   - Wer einen König spielt, darf den ganzen Abwurfstapel einem der anderen Mitspielenden geben. Ein ausgespielter König kommt nicht auf den Abwurfstapel, sondern wird beiseite gelegt und ist nicht mehr im Spiel.

   - Wer eine Dame spielt, darf zusätzlich eine Tischkarte aus der eigenen Auslage darauf spielen, auch wenn es noch Karten auf der Hand gibt. Wer offene Tischkarten hat, muss eine von diesen verwenden; sonst darf nach Belieben eine der verdeckten Tischkarten gewählt werden.

   - Wird ein Bube gespielt, darf die nächste Person, die an der Reihe ist, höchstens eine 5 darauf spielen (oder natürlich eine Karmakarte).

5. Wer als erstes alle Karten gespielt hat, gewinnt. Das Spiel geht weiter um den zweiten und dritten Platz usw., bis am Ende nur eine Personnoch Karten auf der Hand hat.

MITTEL

KINGS IN THE CORNER

ZWEI BIS SECHS | **ALTERSGRUPPE: 7+** | **SPIELDAUER:** 30 Minuten

Kings in the corner („Könige im Eck") ist ein sagenhaftes Familienspiel für bis zu sechs Leute und lässt sich leicht im Verlauf des Spiels erlernen.

SPIELZIEL: die wenigsten Punkte bekommen

SPIELMATERIAL:

◊ ein Kartenspiel ohne Joker; dazu Papier und Bleistift, um Punktestände zu notieren

So wird gegeben

Alle Mitspielenden erhalten reihum einzeln sieben Karten ausgeteilt. Die übrigen Karten kommen umgedreht zusammen in einem Stapel als Talon in die Mitte. Von diesem werden vier Karten aufgedeckt und als Grundkarten vor, hinter, links und rechts neben den Talon gelegt.

So wird gespielt

1. Wer links von der Person sitzt, die gegeben hat, fängt an und macht beliebig viele der folgenden Spielzüge:

   - Eine Karte aus der eigenen Hand auf einen der vier Grundstapel spielen. Der Wert der Karte muss 1 niedriger sein als die obenauf liegende Karte, und die Farbe muss jeweils die andere sein (zum Beispiel kann eine rote 4 auf eine schwarze 5 gespielt werden). Auf ein Ass kann nicht weiter gespielt werden.

   - Einen König in einen der vier Winkel zwischen den Grundstapeln spielen. Auf diese Winkel können nachfolgende Spieler dann nach denselben Regeln spielen wie auf die Grundstapel (wie auch im Bild auf S. 71 gezeigt).

   - Einen Grundstapel an einen anderen Grundstapel anlegen, sofern die unterste Karte des verlegten Grundstapels die andere Farbe hat und um genau

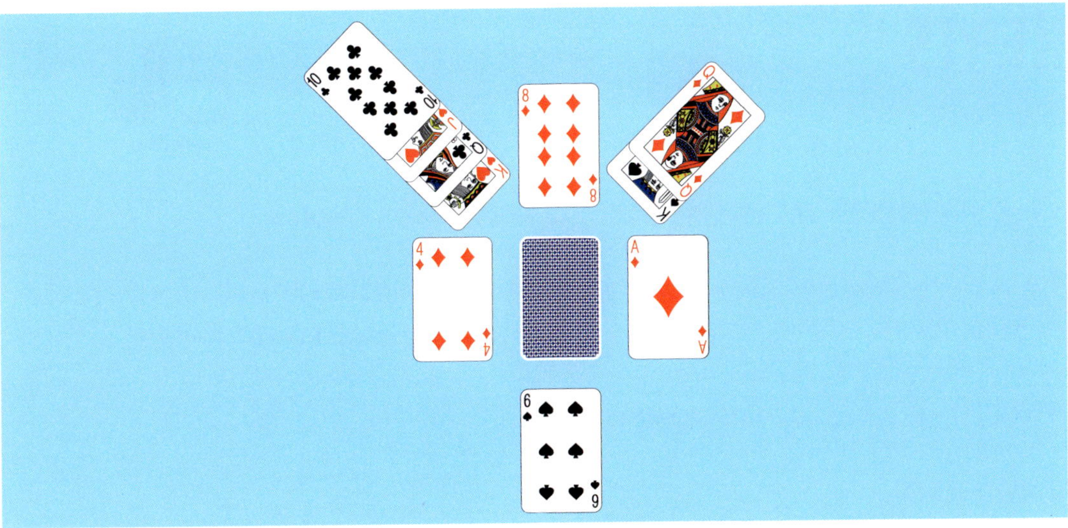

1 niedriger ist als die oberste Karte des Grundstapels, an den sie angelegt wird. (Zum Beispiel kann eine Kette, die mit einer Karo-10 beginnt, gefolgt von Kreuz-9, Herz-8 und Pik-7, an eine Kette angelegt werden, die mit einem Kreuz-König begonnen hat, gefolgt von Herz-Dame und Pik-Bube – denn die Karo-10 ist 1 weniger wert als der Pik-Bube und hat die andere Farbe.) Auch alle weiteren Spieler dürfen auf diese Weise ganze Grundstapel verlegen, solange der Wert der untersten Karte der bewegten Kette 1 niedriger ist als der der obersten Karte der Kette, an den diese angelegt wird, und die Farbe jeweils die andere.

- Eine beliebige Karte aus der eigenen Hand ausspielen, um eine Position zu füllen, die durch Verlegung einer Kette frei geworden ist.

2. Zum Ende des Zuges wird eine Karte vom Talon gezogen, und das Spiel geht im Uhrzeigersinn weiter. Wer an der Reihe ist, aber nichts tun kann, zieht lediglich eine Karte, der Zug endet, und es geht im Uhrzeigersinn weiter.

3. So geht das Spiel immer weiter, bis eine Person alle Karten von seiner Hand gespielt hat oder der Talon aufgebraucht ist und niemand mehr spielen kann. Tritt eines dieser beiden Enden ein, rechnen alle ihre Punkte aus. Strafpunkte gibt es für alle Karten auf der Hand – für Könige 10 Punkte, für alle anderen Karten 1 Punkt. Das Spiel endet, wenn jemand 50 Punkte hat. Wer dann die wenigsten Punkte hat (denn es sind ja Strafpunkte), gewinnt. Hat noch niemand 50 Punkte, werden die Karten gemischt und zu einem weiteren Spiel ausgegeben.

VARIANTE: Statt Punkte aufzuschreiben, können auch Kleingeld oder farbige Pokerchips als Zählsteine verwendet werden. Zu Beginn haben alle Mitspielenden dieselbe Anzahl und Kombination dieser Zählsteine und müssen am Ende eines Spieles entsprechend abgeben. Dann endet das Spiel, sobald jemand keine Zähler mehr hat.

MITTEL

NERTS

ZWEI ODER MEHR | **ALTERSGRUPPE: 7+** | **SPIELDAUER:** 10 Minuten

Nerts, manchmal auch Nertz geschrieben, ist eine schnelle und unterhaltsame Mehrspielervariante einer Patience und ein tolles Spiel für die Familie.

SPIELZIEL: die meisten Punkte bekommen

SPIELMATERIAL:

- für alle Mitspielenden je ein Kartenspiel ohne Joker, aber mit unterschiedlichen Rückenbildern, um sie rasch wieder auseinander zu sortieren; dazu Papier und Bleistift, um den Punktestand zu notieren

So wird gegeben

Alle ziehen je 13 Karten aus ihrem Spiel und legen diese umgedreht in einem Stapel vor sich, als ihre Nerts-Stapel, dessen oberste Karte sie jeweils aufdecken. Neben diesem Stapel legen sie jeweils vier Karten offen in eine Reihe – die Grundkarten ihrer Ablagestapel. Die übrigen Karten legen die Spielenden jeweils in einem umgedrehten Stapel als Nachziehstapel vor sich hin.

So wird gespielt

1. Alle spielen gleichzeitig und versuchen, Karten von ihrem Nerts-Stapel auf einen Ablagestapel oder auf das gemeinsame Spielfeld in der Mitte des Tisches zu bringen, indem sie jeweils ein Päckchen von drei Karten von ihren Nachziehstapeln nehmen und umdrehen, um sie neu ins Spiel zu bringen. Um auf einen Ablagestapel gespielt werden zu können, muss die Karte (entweder die oberste Karte des Nerts-Stapels oder die oberste der aus dem Nachziehstapel gezogenen) einen Wert haben, der um 1 niedriger ist als der der Karte, an die sie angelegt wird, und außerdem die andere Farbe. Beispielsweise kann eine rote 3 an eine schwarze 4 gelegt werden, oder auch eine schwarze Dame an einen roten König. Handelt es sich um ein Ass, wird es als gemeinsame Grundkarte aufs Spielfeld gelegt. Auf Grundkarten auf dem Spielfeld dürfen alle

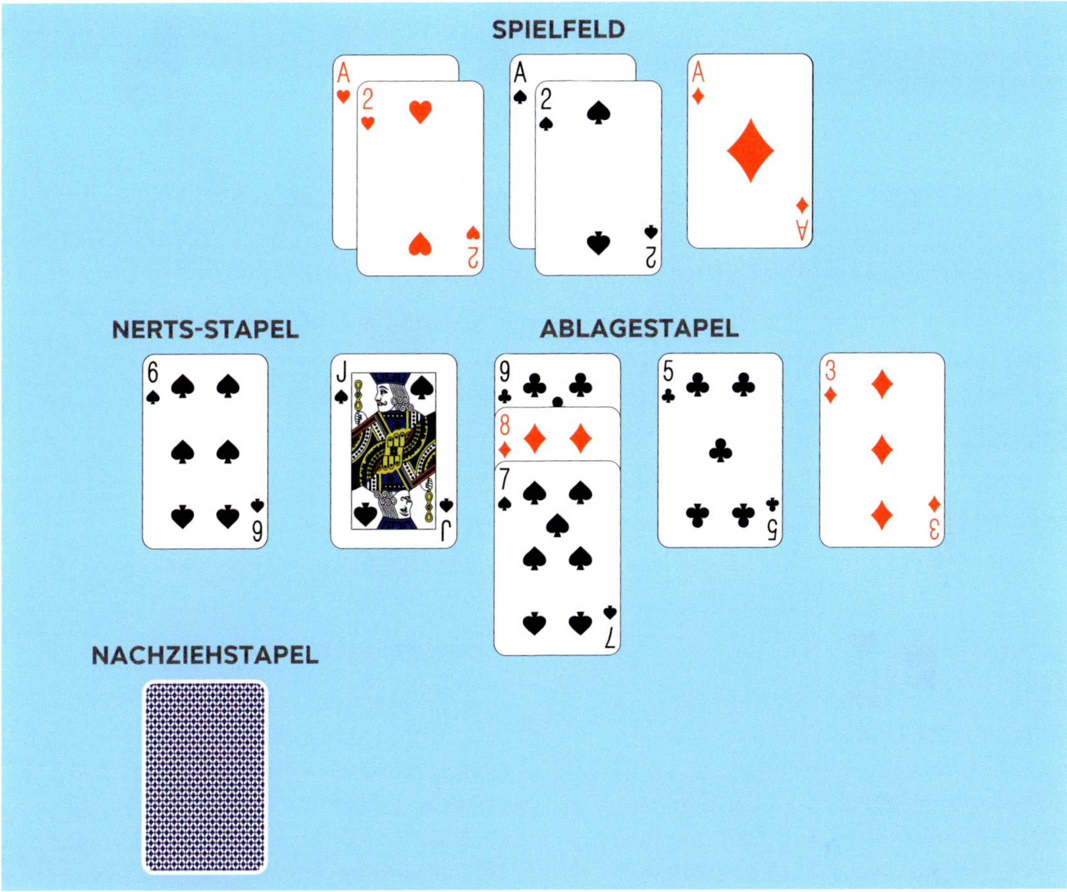

spielen – dazu muss die gespielten Karte allerdings dieselbe Kartenfarbe haben wie die Karte, auf die sie gelegt wird, und einen Wert, der um genau 1 höher ist. Es kann also etwa eine Herz-2 auf ein Herz-Ass gelegt werden.

2. Das Spiel geht immer weiter, bis es jemandem gelungen ist den eigenen Nerts-Stapel ganz abzubauen und infolgedessen mit der Ansage „Nerts!" die Runde beendet. Dann brechen die anderen Mitspielenden sofort alle ihre Züge ab, und Punkte werden ermittelt wie folgt:

- Wer „Nerts!" gerufen hat, bekommt 10 Punkte.
- Alle anderen bekommen jeweils 1 Punkt Abzug (d.h. einen Minuspunkt) für jede Karte, die sie noch in ihren Nerts-Stapeln haben.
- Wer auf gemeinsame Grundstapel gespielt hat, bekommt für jede Karte dort 1 Punkt.
- Wer die meisten Punkte hat, gewinnt.

MITTEL

NEUNEN

ZWEI BIS FÜNF | **ALTERSGRUPPE:** 7+ | **SPIELDAUER:** 15 Minuten

Neunen (engl. Nines) ist eine beliebte Variante des Kartenspiels Golf mit noch mehr Karten in der Auslage. Einige weitere Elemente tragen dazu bei, dem Spiel besonderen Pfiff zu geben.

SPIELZIEL: die wenigsten Punkte bekommen

SPIELMATERIAL:

◊ zwei Kartenspiele, ohne Joker; dazu Papier und Bleistift, um Punkte zu notieren

So wird gegeben

Alle Mitspielenden erhalten einzeln reihum je neun Karten ausgeteilt. Die verbleibenden Karten kommen in einem umgedrehten Stapel in die Mitte und stellen den Talon dar. Zur Eröffnung des Abwurfstapels wird die oberste Karte vom Talon aufgedeckt und daneben gelegt.

So wird gespielt

1. Ohne sie anzusehen, legen alle ihre Karten verdeckt vor sich in drei Reihen à drei Spalten zu einem quadratischen Feld aus. Dann decken alle je zwei ihrer Karten auf. Diese dürfen überall in der Auslage sein, jedenfalls aber in zwei verschiedenen Reihen. Wer links von der Person sitzt, die gegeben hat, fängt an und zieht eine Karte, entweder vom Talon oder vom Abwurfstapel. Eine Karte vom Talon kann entweder abgeworfen oder gegen eine aus der eigenen Auslage ausgetauscht werden – in diesem Falle wird die Karte aus der Auslage abgeworfen und die aus dem Talon offen an deren Stelle gelegt. Eine Karte vom Abwurfstapel muss gegen eine aus der eigenen Auslage ausgetauscht werden, die dann an deren Stelle abgeworfen wird.

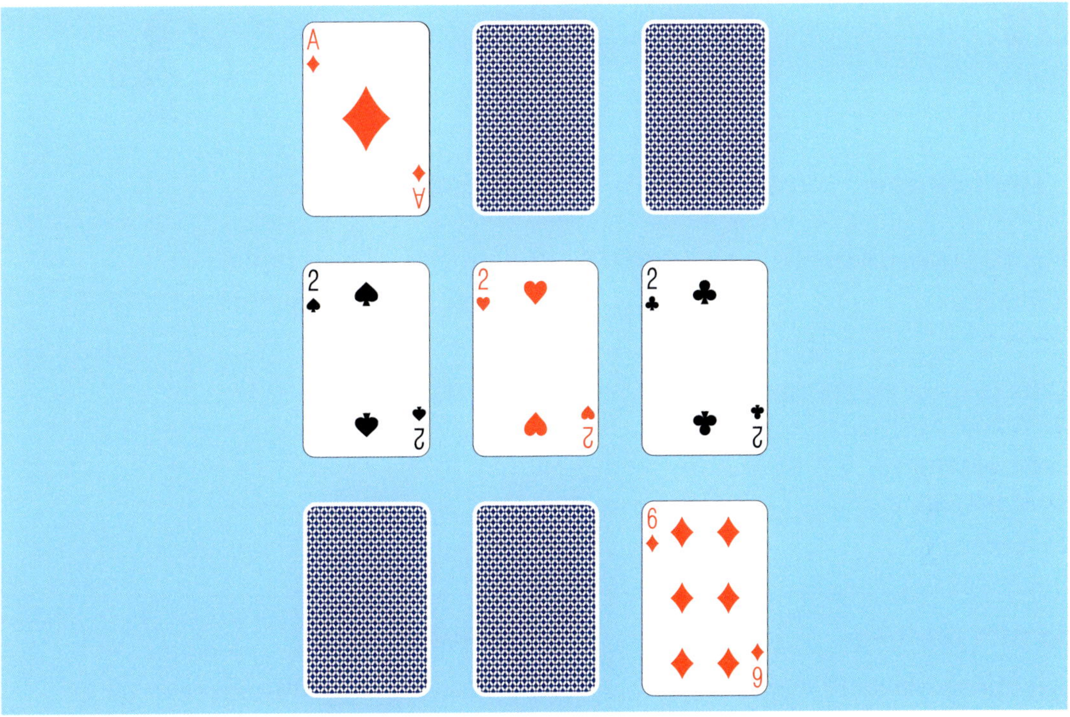

2. Ziel ist es, möglichst wenige Punkte zu bekommen, indem Reihen mit drei gleichen Kartenwerten gebildet werden – die nämlich zählen 0 Punkte. (In unserem illustrierten Beispiel etwa zählt die Reihe mit den 2en 0 Punkte.) Alternativ sind die Mitspielenden bemüht, ihre Punkte möglichst niedrig zu halten, indem sie Karten mit niedrigem Wert in ihre Auslage holen. Punktwerte sind wie folgt:
   - Von Ass (mit dem Wert 1) bis zur 10 haben alle Karten den aufgedruckten Wert.
   - Buben und Damen zählen je 10 Punkte.
   - Könige zählen 0 Punkte.
3. Das Spiel geht, bis jemand nur offene Karten in der Auslage hat. Dann müssen alle anderen Mitspielenden die noch verdeckten Karten ihrer Auslagen aufdecken, und es werden Punkte berechnet. Wer die wenigsten Punkte hat, gewinnt.

VARIANTE: Unterhaltsam ist eine Variante mit Jokern, bei der die Joker jeweils minus drei Punkte zählen.

MITTEL

99

DREI ODER MEHR | **ALTERSGRUPPE:** 7+ | **SPIELDAUER:** 15 Minuten

Ein einfaches, unterhaltsames Spiel, mit dem sich sehr gut Kopfrechnen üben lässt.

SPIELZIEL: bis zuletzt im Spiel bleiben | **FERTIGKEITEN:** Addition

SPIELMATERIAL:

◊ ein Kartenspiel ohne Joker; für alle Mitspielenden je drei Zählsteine (Münzen, Knöpfe, Bonbons)

So wird gegeben

Alle bekommen drei Zählsteine und drei Karten. Die verbleibenden Karten werden umgedreht in einem Stapel als Talon in die Mitte gelegt, wie auf S. 77 gezeigt.

So wird gespielt

1. Wer links von der Person sitzt, die gegeben hat, fängt an. Nacheinander spielen alle eine Karte aus ihrer Hand auf einen offenen Stapel neben dem Talon. Jede Karte vergrößert den Wert des Ausspielstapels wie in Schritt 2 beschrieben. Wer die erste Karte spielt, nennt ihren Wert und zieht eine nach, um wieder drei Karten auf der Hand zu haben. Danach wird jeweils der Wert angesagt, den der Stapel durch Hinzuzählen der ausgespielten Karte hat, und ebenfalls eine Karte gezogen. Wer nicht ausspielen kann, ohne den Wert des Ausspielstapels über 99 zu heben, muss einen Zählstein abgeben, und die Runde ist zu Ende.

2. Die meisten Karten haben ihren aufgedruckten Wert (eine 7 etwa zählt sieben Punkte), mit folgenden Ausnahmen:

   - Vieren zählen nicht, kehren aber die Spielrichtung um.

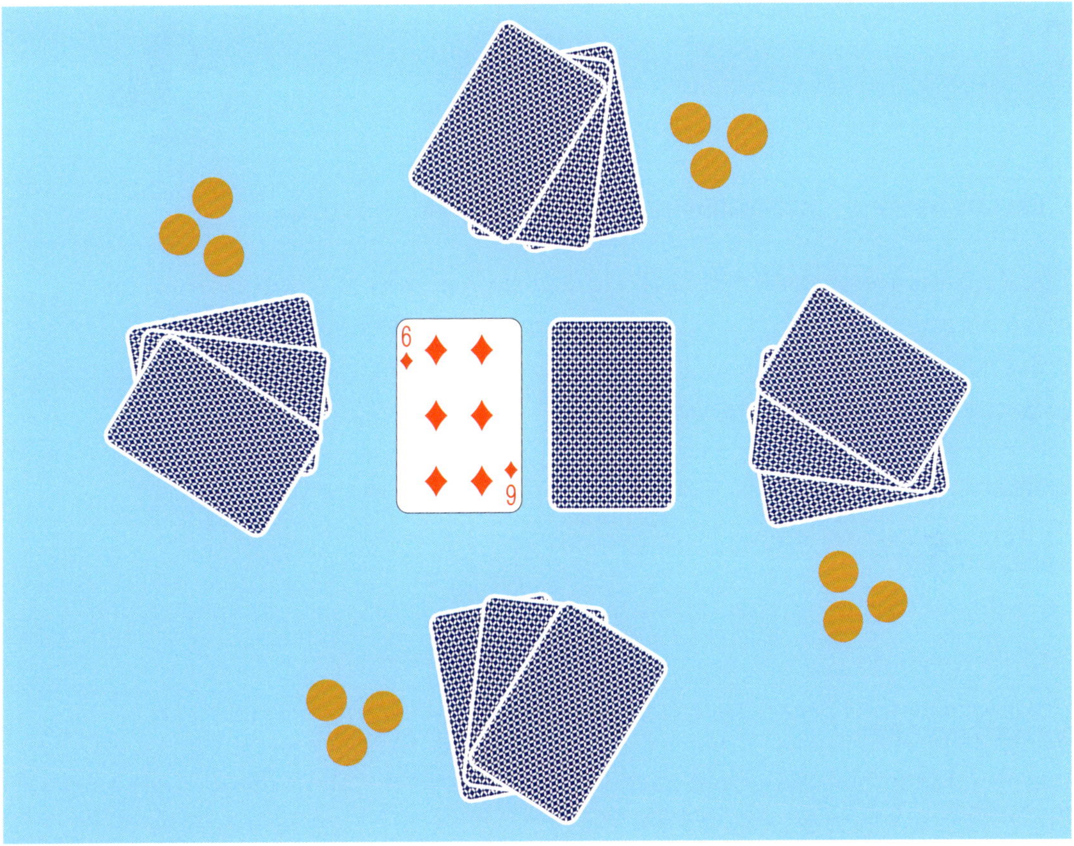

- Neunen zählen nicht.
- Zehnen zählen -10.
- Asse können als 1 zählen oder als 11, nach Wahl der Person, die sie ausspielt.
- Buben und Damen zählen jeweils 10.
- Könige haben den höchstmöglichen Wert, d.h. sie heben den Wert des Ausspielstapels sofort auf 99.

3. Am Ende einer Runde werden die Karten jeweils von der Person gemischt und gegeben, die links von der sitzt, die zuletzt gegeben hat. Wer keine Zählsteine mehr hat, ist aus dem Spiel.

Es wird weiter gespielt, bis von allen Mitspielenden nur eine Person noch Zählsteine hat und so gewinnt.

VARIANTE: Varianten von 99 fügen meist Sonderkarten mit weiteren Funktionen hinzu oder lassen welche weg. Um das Spiel einfacher zu machen, können etwa die Sonderfunktionen von 4 und 9 weggelassen werden. Um es schwieriger zu machen, kann eine Karte bestimmt werden (häufig die 3 oder die 5), die den Wert anhebt und die Runde nicht beim nächsten Mitspielenden weitergehen lässt, sondern erst beim übernächsten.

MITTEL

PIT

DREI BIS SIEBEN | **ALTERSGRUPPE: 7+** | **SPIELDAUER:** 5 Minuten

Für Pit („Börsenparkett") gibt es eigentlich spezielle Karten, doch es kann ohne nennenswerte Schwierigkeiten auch mit einem handelsüblichen Kartenspiel gespielt werden. Es soll die Aufregung und Verwirrung auf dem Parkett einer Warenbörse wiedergeben.

SPIELZIEL: zuerst alle neun Karten einer Farbe beisammen haben

SPIELMATERIAL:

◊ ein Kartenspiel ohne Joker, ohne 10en, ohne Buben, ohne Damen, ohne Könige (bei mehr als vier Spielern zwei solche Kartenspiele)

So wird gegeben

Das oder die Kartenspiele werden nach Kartenfarbe in Stapel sortiert. Von diesen Stapeln werden so viele aufgenommen, wie der Zahl der Mitspielenden entspricht (beispielsweise drei davon, wenn zu dritt gespielt wird). Die übrigen Stapel werden nicht verwendet und beiseite gelegt. Die aufgenommenen Stapel werden zusammengemischt und reihum einzeln an alle Mitspielenden ausgeteilt, sodass alle neun Karten auf der Hand haben. Danach bekommen alle Zeit, ihre Karten anzusehen und zu sortieren, ehe das Spiel begonnen wird mit der Ansage: „Der Handel ist eröffnet."

So wird gespielt

1. Alle spielen gleichzeitig; es gibt keine Runden. Alle sind bestrebt, durch Tauschhandel mit anderen Mitspielenden alle Karten einer Farbe auf die Hand zu bekommen. Für einen Tausch müssen beide Seiten gleich viele Karten hergeben; es wird also mindestens eine Karte getauscht, höchstens aber vier; die hergegebenen Karten müssen alle die gleiche Kartenfarbe haben. Hat zum Beispiel A drei Karten und möchte diese mit B tauschen, so muss auch B drei Karten haben, die sich für einen Tausch eignen. Will etwa A Herz sammeln, könnten drei Karo-Karten aus der Hand von A an B abgegeben werden – in der Hoffnung, von B drei Herz-Karten zu bekommen.

Doch die Mitspielenden dürfen sich nur über die Zahl der Karten verständigen, die sie eintauschen möchten, können sich also nie sicher sein, was sie bekommen. Um welche Kartenfarbe und um welche Kartenwerte es sich handelt, erfahren sie erst nach Vollzug des Tausches.

2. Es wird so lange gespielt, bis jemand „einen Markt beherrscht", d.h. alle neun Karten einer Kartenfarbe beisammen hat. In diesem Fall wird die Ware (d.h. die Kartenfarbe) angesagt und die Hand auf den Tisch gelegt.

VARIANTE: Um das Spiel auszudehnen, können Punkte gezählt werden. Wer eine Runde gewinnt, erhält 1 Punkte. Wer als erstes 5 Punkte hat, gewinnt das Spiel.

MITTEL

POUNCE

ZWEI BIS SECHS | **ALTERSGRUPPE: 7+** | **SPIELDAUER:** 20 Minuten

Genau wie Nerts ist auch Pounce („Raubtiersatz") ein Patiencen-Wettkampf für mehrere Spieler. Viele benutzen die Bezeichnung unterschiedslos für eine Patience und für dieses Spiel, aber mindestens in unserer Variante ist der Aufbau anders, um die Herausforderung größer zu machen.

SPIELZIEL: als erstes 100 Punkte zusammenbekommen
FERTIGKEITEN: Reaktionsgeschwindigkeit, Auge-Hand-Koordination

SPIELMATERIAL:

◊ für alle Mitspielenden je ein Kartenspiel ohne Joker, mit unterschiedlichen Rückenbildern zum schnelleren Sortieren; dazu Papier und Bleistift zum Notieren der Punkte

So wird gegeben

Alle legen vor sich fünf umgedrehte Ablagestapel aus, sodass der erste Stapel aus einer Karte besteht, der zweite aus zwei Karten, der dritte aus drei Karten, der vierte aus vier Karten und der fünfte aus fünf Karten. Wenn alle fünf Stapel liegen, wird jeweils ihre oberste Karte aufgedeckt. Dann machen alle einen Satzstapel aus je aus neun umgedrehten Karten und decken dessen oberste Karte auf. Die übrigen Karten dienen jeweils als Nachziehstapel.

So wird gespielt

1. Von den Nachziehstapeln werden jeweils drei Karten auf einmal aufgedeckt. Nur die oberste Karte dieses Päckchens kann auf einen Ablagestapel oder das gemeinsame Spielfeld gespielt werden; erst dann ist auch die darunterliegende Karte frei. Um auf einen Ablagestapel gespielt zu werden, muss der Wert einer Karte genau 1 niedriger sein als der der Karte, auf der sie zu liegen kommt, und ihre Farbe muss jeweils die andere sein.
   Es kann beispielsweise eine schwarze 4 auf eine rote 5 gespielt werden, oder eine rote 8 auf eine schwarze 9. Steht ein Ass zur Verfügung, kann es als Grundkarte aufs Spielfeld gespielt werden, und fortan können alle darauf spielen.

2. Alle spielen gleichzeitig und versuchen, Karten von ihren Satzstapeln auf die Grundkarten auf dem Spielfeld in der Mitte des Tisches zu bekommen. Eine Karte, die auf einen Grundstapel gespielt wird, muss dieselbe Kartenfarbe haben und einen um genau 1 höheren Wert. Karten vom Satzstapel können auch auf freie Stellen bei den Ablagestapeln gelegt werden, nicht aber auf Karten, die dort ausliegen.

3. Das Spiel geht so lange, bis eine Person alle Karten seines Satzstapels abgetragen hat und „Satz!" ruft: damit endet die Runde; alle anderen Mitspielenden hören sofort mit dem Ausspielen von Karten auf. Dann erhalten sie Punkte wie folgt:

   - 2 Strafpunkte (d.h. 2 Punkte Abzug) für jede Karte, die sie noch in ihren Satzstapeln haben
   - 1 Punkt für jede ihrer Karten in einem Grundstapel auf dem Spielfeld

4. Das Spiel endet, sobald eine Person 100 Punkte hat. Sollte nach der Punkteverteilung noch niemand 100 Punkte haben, werden neue Karten gegeben, und das Spiel geht weiter wie beschrieben.

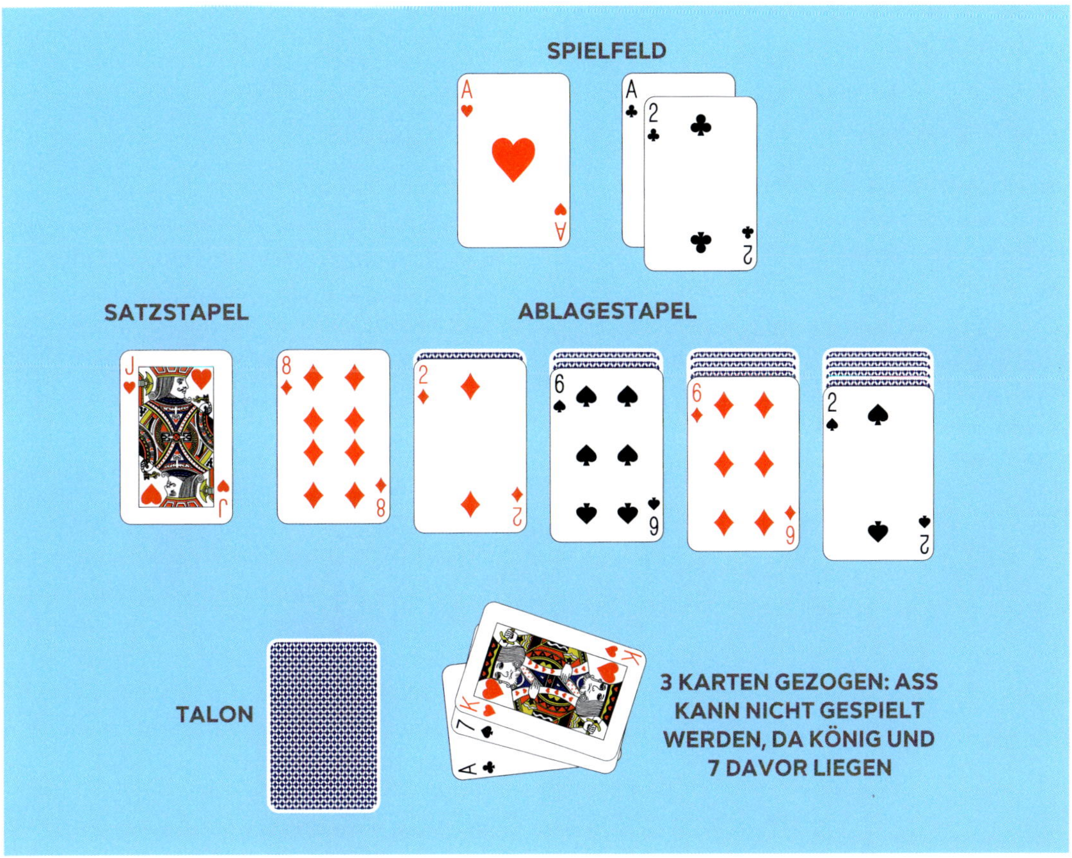

MITTEL

SOLITAIRE TWIST

ZWEI ODER MEHR | **ALTERSGRUPPE:** 7+ | **SPIELDAUER:** 10 Minuten

Solitaire Twist ist ein Spiel, das meine Kinder sich ausdachten, als sie einmal UNO spielen wollten, aber die UNO-Karten nicht finden konnten. Es ist leicht zu lernen, fließt rasch voran und führt meist zu launigen Unterhaltungen.

SPIELZIEL: alle Karten loswerden

SPIELMATERIAL:

- ein Kartenspiel ohne Joker; zu zweit oder zu dritt (bei vier oder mehr Mitspielenden zwei Kartenspiele)

So wird gegeben

Die älteste Person am Tisch fängt mit dem Geben an, und von ihr ausgehend macht dieses Recht danach im Uhrzeigersinn die Runde. Alle Mitspielenden erhalten sieben Karten; dann kommen vier Karten aufgedeckt als Spielfeld in die Mitte, und der Rest wird umgedreht in einem Stapel als Talon danebengelegt, wie in der Abbildung auf S. 83 gezeigt.

So wird gespielt

1. Wer links von der Person sitzt, die gegeben hat, fängt an und muss eine Karte aus der eigenen Hand auf eine der vier Karten in der Mitte spielen. Die Kartenfarbe spielt keine Rolle, doch der Wert der Karte muss genau 1 mehr oder 1 weniger sein als derjenige der Karte, auf die gespielt wird.
2. Wer keine Karte aus der Hand spielen kann, muss so lange Karten vom Talon ziehen, bis das möglich ist. Wer an der Reihe ist, kann immer nur eine Karte spielen. Ist der Talon abgetragen, werden die obersten Karten von den Stapeln auf dem Spielfeld heruntergenommen, der Rest wird umgedreht, gemischt und als frischer Talon ausgelegt. Das Spiel endet, sobald jemand keine Karten mehr auf der Hand und damit gewonnen hat.

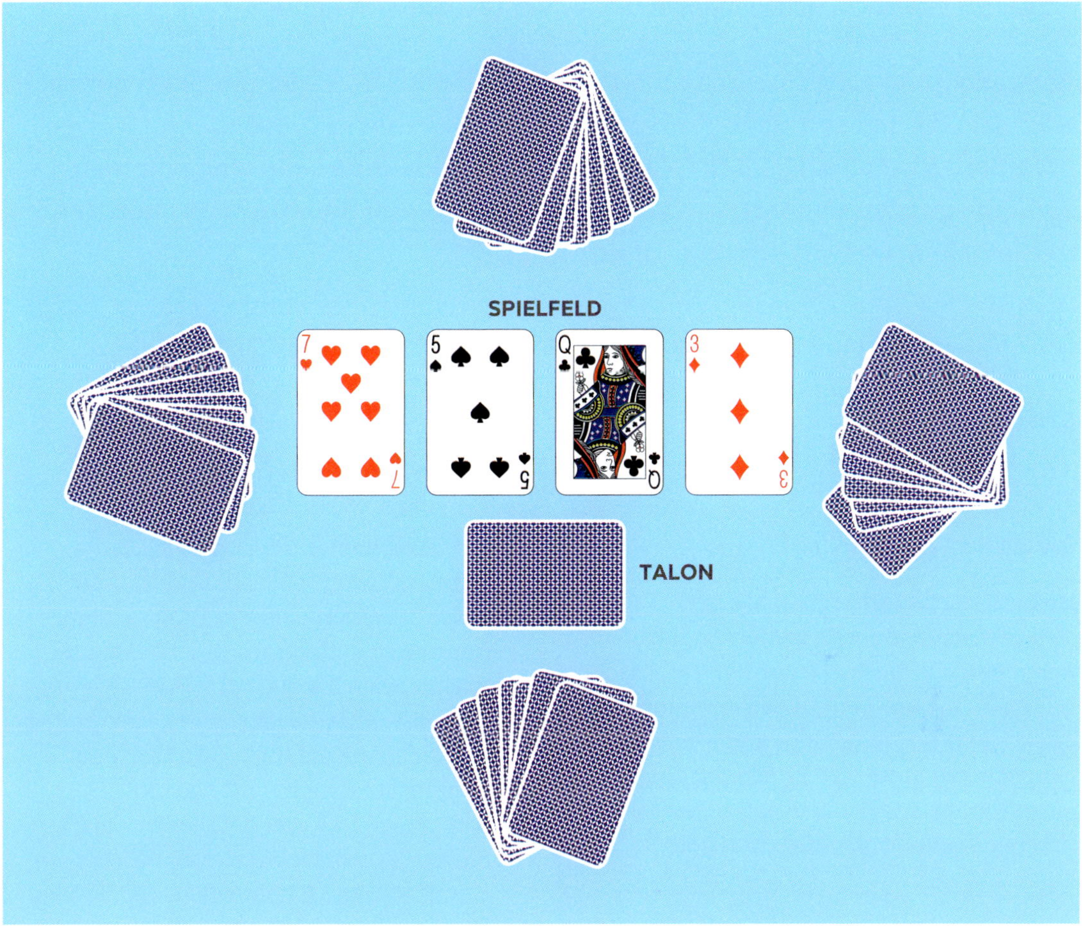

VARIANTE: Wem das Nachziehen gar zu entmutigend erscheint, kann auch beschließen, dass nach dem fünften fruchtlosen Ziehen vom Talon Schluss ist, der Zug verfällt, und es geht einfach beim nächsten Mitspielenden weiter. Um das Spiel leichter zu machen, können sechs Karten in die Mitte gelegt werden; um es schwerer zu machen, nur zwei.

MITTEL

TOO MANY MONKEYS

ZWEI BIS SIEBEN **ALTERSGRUPPE: 7+** | **SPIELDAUER:** 20 Minuten

Ausgangspunkt für Too many monkeys („Zu viele Affen") ist ein Spiel gleichen Namens, für das es eigene Karten gibt. Wir haben es für gewöhnliche Karten adaptiert. Ein tolles Spiel für Kinder im Grundschulalter, die sich einerseits zwar die ganzen Sonderkarten merken müssen, aber andererseits auch Spaß daran haben, einfach herumzualbern.

SPIELZIEL: eine Reihe mit sechs aufgedeckten Karten zu bekommen

SPIELMATERIAL:

- ein Kartenspiel mit zwei Jokern

So wird gegeben

Reihum werden einzeln an alle Mitspielenden je sechs verdeckte Karten ausgeben, die diese in einer Reihe vor sich hinlegen. Die übrigen Karten kommen zusammen als Talon umgedreht in einem Stapel in die Mitte. Zur Eröffnung des Abwurfstapels wird die oberste Karte vom Talon aufgedeckt und daneben gelegt.

So wird gespielt

1. Zuerst machen alle Affengeräusche und stimmen darüber ab, wer das beste macht – das ist die Person, die anfangen darf. Danach geht es im Uhrzeigersinn weiter. Wer an der Reihe ist, darf eine Karte ziehen – entweder vom Talon oder vom Abwurfstapel. Wer eine Karte mit einem Wert von 6 oder weniger gezogen hat (Asse zählen als 1), darf sie in der eigenen Kartenreihe an die Stelle der Karte in entsprechender Position legen (vgl. die Abbildung auf S. 85). Wer zum Beispiel eine 3 zieht, zählt in der Kartenreihe die dritte Karte von links ab. Ist dies eine umgedrehte Karte, wird sie aufgenommen und an ihrer Stelle die 3 abgelegt. Das wiederholt sich, solange die aufgenommene Karte einen Wert von 6 oder weniger hat und die entsprechende Karte noch umgedreht ist. Ein Zug endet, wenn eine Karte gezogen oder aufgedeckt wird, die nicht auf diese Weise abgelegt werden kann. Diese Karte kommt auf den Abwurfstapel, und es geht weiter in der Runde.
2. Wer als erstes eine Kartenreihe mit sechs offenen Karten hat, gewinnt.

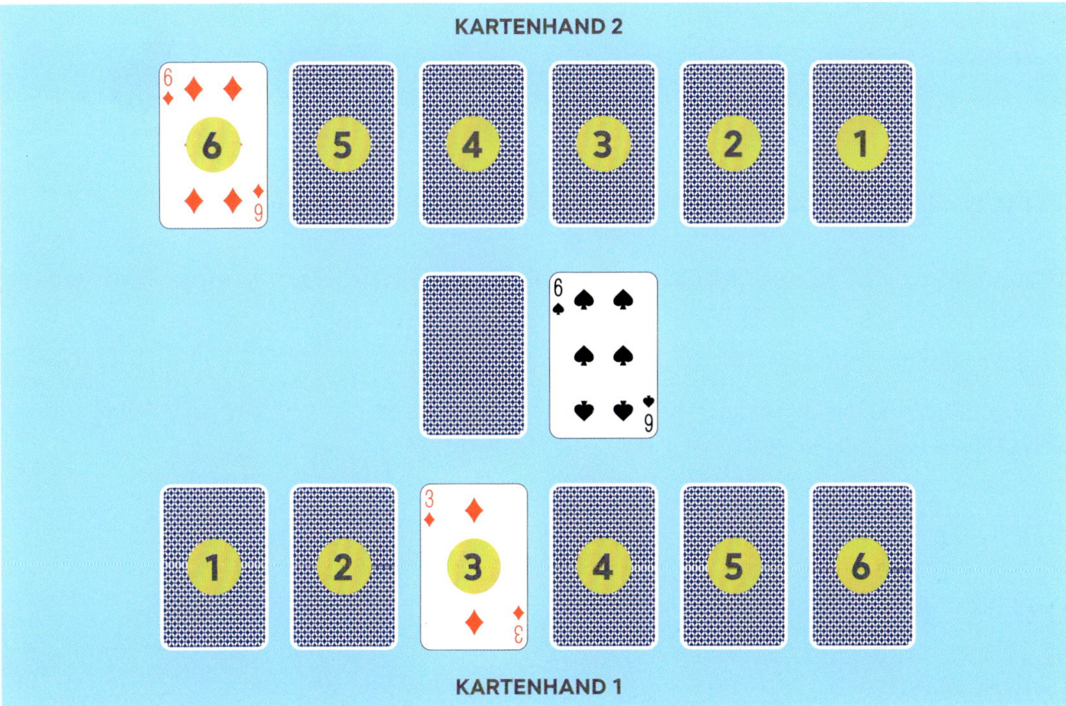

3. Neben den Karten von Ass bis 6, die in die Reihe passen, haben die übrigen Karten Sonderfunktionen, wenn sie ausgespielt werden.
4. Hier eine Aufstellung der Funktionen der Sonderkarten:
   - 7en sind rasende Affen und können für jede andere Zahl gespielt werden.
   - 8en sind Sprungkarten. Wer eine 8 auf der Hand hat, darf diese vor einer anderen Person ablegen, die dann aussetzen muss. (Danach kommt die 8 auf den Abwurfstapel.)
   - 9en sind Waschbären, mit denen aus dem Abwurfstapel jede gewünschte Karte ausgegraben werden kann.
   - 10en dürfen auf jede gerade Position der Reihe gespielt werden (also als 2, 4 oder 6).
   - Buben dürfen auf jede ungerade Position der Reihe gespielt werden (also als 1, 3 oder 5).
   - Mit Damen oder Königen endet der Zug auf der Stelle, und die Karte kommt auf den Abwurfstapel.
   - Wer einen Joker zieht oder aufdeckt, darf eine aufgedeckte Karte in der Reihe eines anderen Spielers wieder umdrehen.

MITTEL

TRASH

ZWEI ODER MEHR | **ALTERSGRUPPE: 7+** | **SPIELDAUER:** 30 Minuten

Trash („Müll") hat Ähnlichkeit mit Too Many Monkeys, aber weniger Sonderkarten und dafür mehr Karten in der Auslage. Es ist dadurch zwar einfacher zu spielen, dafür aber auch schwieriger zu gewinnen.

SPIELZIEL: eine Kartenreihe von Ass bis 10 bilden

SPIELMATERIAL:

- zu zweit: ein Kartenspiel ohne Joker (zu dritt oder zu viert zwei Kartenspiele, ab fünf drei Kartenspiele)

So wird gegeben

Alle bekommen reihum einzeln verdeckt Karten, bis alle zehn Karten haben. Diese Karten legen alle – noch immer verdeckt – in zwei Reihen vor sich ab. Die übrigen Karten kommen zusammen in einem Stapel als Talon in die Mitte. Zur Eröffnung des Abwurfstapels wird die oberste Karte vom Talon aufgedeckt und daneben gelegt.

So wird gespielt

1. Wer links von der Person sitzt, die gegeben hat, fängt an und zieht eine Karte, entweder vom Talon oder vom Abwurfstapel. Hat die Karte einen Wert von 10 oder weniger (Asse zählen als 1), so ersetzt sie die Karte an entsprechender Position in den je eigenen Kartenreihen. Wird beispielsweise eine 7 gezogen, so wird – beginnend bei der Karte ganz links in der obersten Reihe – die siebte Karte abgezählt (d.h. die zweite Karte in der unteren Reihe). Diese Karte wird aufgenommen und die gezogene Karte an ihre Stelle gelegt. Könige fungieren als Joker und können an alle Positionen gelegt werden.

2. Hat auch die aufgenommene Karte wieder einen Wert von 10 oder weniger (oder ist ein König), so kann dieser Vorgang wiederholt werden, solange die Karte an der entsprechenden Position noch umgedreht ist. Ein Zug geht solange, bis eine Karte gezogen oder aufgedeckt wird, die nicht in die Reihe gelegt werden kann (also ein Bube oder eine Dame, oder eine Karte für eine Position, an der bereits eine aufgedeckte Karte liegt). Diese Karte wird abgeworfen, und es geht weiter in der Runde. Wer als erstes die Werte von Ass bis 5 in der oberen Reihe und von 6 bis 10 in der unteren Reihe offen vor sich liegen hat, gewinnt.

VARIANTE: Um das Spiel zu beschleunigen, können auch nur acht Karten ausgelegt werden statt zehn.

MITTEL

VILLAGE IDIOT

DREI BIS ZEHN **ALTERSGRUPPE: 7+** | **SPIELDAUER:** 60 Minuten

Village Idiot („Dorftrottel") ist eine lustige Weiterentwicklung von Karma. Es spielt sich ganz ähnlich, gewinnt aber noch dadurch, dass es nicht allein mehrere Runden hat, sondern in jeder Runde auch neue Zusatzregeln, die von den Spielenden selbst festgelegt werden.

SPIELZIEL: die meisten Punkte sammeln | **FERTIGKEITEN:** Strategie

SPIELMATERIAL:

◊ zu dritt oder zu viert: ein Kartenspiel ohne Joker (ab fünf Mitspielenden zwei Kartenspiele); dazu Papier und Bleistift, um den Punktestand festzuhalten

So wird gegeben

Alle erhalten erst eine Reihe von je drei umgedrehten Karten vor sich gelegt, darauf dann je eine aufgedeckte Karte (sodass vor allen insgesamt sechs Karten liegen). Schließlich erhalten alle noch drei Karten verdeckt auf die Hand (sodass am Ende alle neun Karten haben). Die verbliebenen Karten werden umgedreht in einem Stapel zusammengenommen und als Talon in die Mitte gelegt.

So wird gespielt

1. Alle Mitspielenden können nun offene Karten, die vor ihnen liegen, austauschen gegen Karten von ihrer Hand (hohe Karten und Sonderkarten liegen besser offen). Die Person links von derjenigen, die gegeben hat, fängt an – hat sie eine 3, kann diese auf der Stelle ausspielt werden. Hat sie keine 3, geht es im Uhrzeigersinn weiter, bis jemand die 3 spielen kann. Hat im ersten Durchgang niemand eine 3, muss im zweiten eine 4 gespielt werden. So geht es im Zweifelsfall weiter – der erforderliche Wert wird in jeder Runde um 1 angehoben, bis jemand den geforderten Kartenwert ausspielen kann.

2. Wer anfangen und die aktuell gefragte Karte ausspielen kann, eröffnet damit den Abwurfstapel und zieht eine neue Karte vom Talon. Wer fortan an der Reihe ist, muss eine Karte spielen, die denselben oder einen höheren Kartenwert hat als die, die oben auf dem Abwurfstapel liegt. Liegt dort zum Beispiel eine 5, so muss eine 5 gespielt werden oder höheres. Wer mehrere Karten desselben Wertes hat – entsprechend dem Wert der obersten Karte entspricht oder über diesem – kann sie alle auf einmal spielen, muss dann aber so viele Karten nachziehen, dass die Hand weiterhin aus drei Karten besteht. Die Karten von 3 bis 9 haben den aufgedruckten Wert. Dann kommen Buben, Damen, Könige und schließlich Asse. Wer nicht ausspielen kann (oder will), erhält den gesamten Abwurfstapel und muss ihn auf die Hand nehmen.

3. Die Zweien sind Sonderkarten. Wird eine 2 gespielt, setzt sie den Abwurfstapel zurück: danach kann jede beliebige Karte gespielt werden. Auch die Zehnen sind Sonderkarten: wird eine 10 gespielt, so „verbrennt" sie den Abwurfstapel – alle in dieser Runde bisher gespielten Karten werden weggenommen, und niemand braucht sie auf die Hand zu nehmen. In gleicher Weise verbrennt der Abwurfstapel auch, wenn vier Karten gleichen Wertes darauf liegen, ob diese nun zugleich ausgespielt wurden oder nacheinander.

4. Ist der Talon abgetragen, wird weitergespielt, bis unter allen Mitspielenden nur eine Person noch Karten in der Hand oder vor sich liegen hat. Karten aus der Reihe dürfen erst gespielt werden, wenn der Talon abgetragen ist. Außerdem müssen Mitspielende erst alle ihre offenen Karten ausspielen, ehe sie sich an die verdeckten Karten darunter machen können.

5. Die Reihenfolge, in der die Mitspielenden fertig werden, ist wichtig. Wer zuerst fertig wird, hat die Runde gewonnen und ist der Boss – was ebensoviele Punkte wert ist, wie es Mitspielende gibt. Wird also zum Beispiel zu viert gespielt, bekommt der Boss 4 Punkte. Wer als nächstes fertig wird, sitzt in der nächsten Runde links vom Boss und bekommt 1 Punkt weniger als dieser. So bekommen alle abhängig von der Reihenfolge, in der sie fertig werden, Punkte und einen Sitzplatz in der nächsten Runde – wer als letztes Karten auf der Hand hat, bekommt für die Runde 0 Punkte und sitzt in der nächsten Runde rechts vom Boss.

6. Der Boss darf vor Beginn der nächsten Runde eine Zusatzregel verkünden, die für den Rest des Spieles gilt. Diese Regeln dürfen so praktisch oder albern sein, wie die Mitspielenden wollen. Zum Beispiel könnten, wenn eine 7 gespielt wird, verbrannte Karten zurück ins Spiel geholt werden – oder: wer eine 5 ausspielt, muss allen anderen Mitspielenden einen High Five geben. Das Spiel geht auf jeden Fall über sechs Runden. Wer danach die meisten Punkte hat, gewinnt.

SPIELEABEND MIT DER FAMILIE

HAUSREGELN

Der Spielabend soll helfen, die Familie zusammenzubringen. Um das zu erreichen, ist es ganz gut, sich vorher einmal in der Familie zusammenzusetzen und auf ein paar Regeln zu verständigen, die allen helfen, auch wirklich etwas von dieser Zeit zu haben. Zu den wichtigen Regeln dürfen gern auch ein paar alberne dazu genommen werden – die können dann ebenso denkwürdig werden wie die Spieleabende selbst.

Hier ein paar Beispiele als Vorschläge für den Anfang:

- keine Schimpfworte
- kein Schummeln
- Handys müssen in einem anderen Zimmer gelassen werden
- wer gewinnt, muss aufstehen und sich verneigen
- wer „ungerecht" oder „nicht fair" sagt, muss fünf Hampelmänner machen

MITTEL

YATZI

ZWEI ODER MEHR | **ALTERSGRUPPE: 7+** | **SPIELDAUER:** 30 Minuten

Yatzi kennen die meisten als Würfelspiel. Nun lassen sich Würfel zwar ebenso leicht mitnehmen wie Karten, aber sie sind vergleichsweise laut (und gehen auch leicht verloren). Deshalb habe ich das Spiel mit Karten nachempfunden, damit wir es wirklich überall spielen können.

SPIELZIEL: als erstes 500 Punkte haben | **FERTIGKEITEN:** Entscheidungsfähigkeit

SPIELMATERIAL:

◊ zwei Kartenspiele, ohne Joker, ohne die Werte von 7 bis König; dazu Papier und Bleistift, um Punktstände aufzuzeichnen

So wird gegeben

Die Karten werden gemischt und zusammen umgekehrt in einem Stapel in die Mitte gelegt.

So wird gespielt

1. Wer links von der Person sitzt, die gemischt hat, fängt an, zieht fünf Karten und legt sie in einer Reihe vor sich aus, um zu entscheiden, welche behalten und welche abgeworfen werden sollen. Werden Karten abgeworfen, werden ebensoviele nachgezogen und erneut bestimmt, welche zu behalten sind. Werden immer noch Karten abgeworfen, so wird ein drittes und letztes Mal nachgezogen; dann werden Punkte für die Hand vergeben.
2. Punkte werden vergeben wie folgt:
   - Full House (Zwilling + Drilling) = 25 Punkte
   - Kleine Straße (vier aufeinander folgende Werte) = 30 Punkte

FORTSETZUNG

- Große Straße (fünf aufeinander folgende Werte) = 40 Punkte
- Yatzi (fünf gleiche Werte) = 50 Punkte
- Ramsch (andere als die aufgeführten Kartenbilder) = Summe der Werte aller Karten, wobei jeweils Asse = 1 Punkt, Buben = 11 Punkte, Damen = 12 Punkte, Könige = 13 Punkte, alle anderen Karten entsprechend des aufgedruckten Wertes

3. Dann werden alle Karten wieder zusammengemischt, und das Spiel geht im Uhrzeigersinn weiter, bis jemand 500 Punkte erreicht hat.

SCHWER

ANACONDA-POKER

ZWEI BIS SIEBEN **ALTERSGRUPPE: 12+** | **SPIELDAUER:** 15 Minuten

Anaconda-Poker (auch bekannt als „Schrott weggeben") bietet mit drei Abwurfrunden mehr strategische Möglichkeiten als andere Versionen des Pokerspiels.

SPIELZIEL: den Pott gewinnen, entweder durch die beste Hand oder dadurch, dass alle anderen aus dem Spiel aussteigen

FERTIGKEITEN: Beobachtungsgabe, Strategie, Psychologie

SPIELMATERIAL:

◊ ein Kartenspiel ohne Joker; Pokerchips, Münzen oder Bonbons als Einsatz

So wird gegeben

Allen werden reihum einzeln sieben Karten ausgegeben.

So wird gespielt

1. Nachdem die Karten gegeben sind, sehen sich alle ihre Hand an. Dann beginnt eine Setzrunde, und zwar links von der Person, die gegeben hat. Bei einer Setzrunde machen alle Mitspielenden im Uhrzeigersinn einen Einsatz. (Als Einsatz werden Münzen, Sternchen, Bonbons, oder was es eben sonst sein soll, in der Mitte in den Pott geworfen.) Wer in einer Runde, in der noch kein Einsatz gemacht wurde, selbst auch noch keinen machen möchte, kann „schieben" (d.h. auf einen Einsatz verzichten). Nach dem ersten Einsatz der Runde müssen jedoch alle weiteren Mitspielenden entweder mithalten (sich mit einem ebenso großen Einsatz beteiligen) oder erhöhen (sich mit einem größeren Einsatz beteiligen). Sonst müssen sie zumachen (ihre Hand umgekehrt auf den Tisch legen und alle weiteren Runden abwarten, bis wieder gemischt und gegeben wird). Die Setzrunde geht weiter, bis alle Mitspielenden mit einem Einsatz beteiligt sind oder zugemacht haben.

FORTSETZUNG

2. Nach der ersten Setzrunde wählen alle Mitspielenden, die noch im Spiel sind, drei Karten aus ihrer Hand, die sie nach links weiterreichen. Dann sehen sich alle die Karten an, die sie nun auf der Hand haben, und eine weitere Setzrunde beginnt. Nach der zweiten Setzrunde geben alle zwei Karten nach links weiter, und es folgt die dritte Setzrunde. Nach dieser wird noch einmal je eine Karte nach links gegeben. Eine letzte Setzrunde schließt sich an – und endet mit einem Showdown, bei dem alle, die nicht zugemacht haben, die besten fünf Karten ihrer Hand aufdecken.
3. Wer das beste Kartenbild auf der Hand hat, gewinnt die Einsätze im Pott. Nachfolgend die Poker-Kartenbilder in absteigender Wertfolge:

- Royal Flush
- Straight Flush
- Vierling
- Flush
- Straight
- Drilling
- zwei Pärchen
- Pärchen
- höchste Karte

VARIANTE: Um das Spiel zu beschleunigen, können die Setzrunden reduziert werden, indem nur noch ganz am Anfang eine stattfindet (ehe zum ersten Mal Karten weitergereicht werden) und eine ganz am Schluss.

SCHWER

BIG TWO

ZWEI ODER MEHR **ALTERSGRUPPE: 12+** | **SPIELDAUER:** 45 Minuten

Big Two („Große Zwei"), auch bekannt als Deuces, stellt eine ungewöhnliche Mischung aus Poker und Crazy Eights dar, bei der die einzelnen Karten höchst ungewöhnliche Werte bekommen. Ein sagenhaftes Spiel für alle, die sich mit klassischen Kartenspielen auskennen und nach einer neuen Herausforderung suchen.

SPIELZIEL: alle Karten loswerden

SPIELMATERIAL:

◊ ein Kartenspiel ohne Joker

So wird gegeben

Die Karten werden reihum einzeln ausgeteilt, bis alle ausgegeben sind.

So wird gespielt

1. Wer die Karo-3 hat, fängt an und spielt sie aus, entweder als Einzelkarte oder in einer Kombination. Danach geht es gegen den Uhrzeigersinn weiter; alle müssen eine Karte oder eine Kartenkombination mit einem höheren Wert ausspielen (vgl. Punkt 4). Jede beliebige Karte oder Kartenkombination kann gespielt werden, solange ihr Wert über dem liegt, was zuletzt gespielt wurde. Wer nicht in der Lage ist, die aktuelle Karte oder Kartenkombination zu toppen, oder einfach an diesem Punkt nicht ausspielen möchte (um etwa hohe Kartenwerte oder Kartenkombinationen für später aufzuheben), darf passen. Wenn niemand mehr spielen kann (d.h. wenn alle passen), ist der Stich abgeschlossen, und die gespielten Karten kommen auf den Abwurfstapel.
2. Wer zuletzt ausgespielt hat, beginnt den nächsten Stich mit einer neuen Karte oder Kartenkombination. Das Spiel geht weiter, bis jemand keine Karten mehr hat.

FORTSETZUNG

3. Die 2en haben in diesem Spiel den höchsten Wert, gefolgt von den Assen, den Königen, den Damen, und so weiter bis hinab zu den 3en. Auch die Kartenfarben haben Werte – Pik hat den höchsten, dann Herz, dann Kreuz, und den niedrigsten hat Karo. Die Werte der Kartenfarben sind allerdings nur dann von Interesse, wenn Kartenwerte gleich sind.

4. Kartenkombinationen, die ausgespielt werden können, sind (in aufsteigender Wertfolge):

   - Pärchen: zwei Karten gleichen Wertes
   - Drillinge: drei Karten gleichen Wertes
   - Straights: fünf Karten beliebiger Farben in ununterbrochener Folge ihrer Werte
   - Flush: fünf beliebige Karten einer Farbe
   - Full House: ein Pärchen und ein Drilling
   - Vierling: vier Karten gleichen Wertes
   - Straight Flush: fünf Karten gleicher Farbe in ununterbrochener Folge ihrer Werte

WUSSTEST DU SCHON? Big Two dürfte in den 1980ern in China erfunden worden sein, unter dem Namen Da Lao Er (was sich übersetzen lässt als „große alte Zwei"). Rasch breitete es sich in Asien aus und gelangte schließlich auch in den Westen. Zuweilen findet das Spiel sich auch unter dem Namen „chinesisches Poker", da seine Kartenkombinationen dem Pokerspiel entstammen – richtiges chinesisches Poker jedoch ist nochmal ein ganz anderes Spiel.

SCHWER

CANASTA

ZWEI BIS SECHS **ALTERSGRUPPE: 12+** | **SPIELDAUER:** 45 Minuten

Canasta ist ein komplexes Strategiespiel, das Ihnen reichlich zu denken geben wird. Unsere Regeln sind ein wenig vereinfacht, um es familientauglicher zu machen.

SPIELZIEL: die meisten Punkte bekommen | **FERTIGKEITEN:** Strategie

SPIELMATERIAL:

◊ zwei Kartenspiele mit allen (vier) Jokern

So wird gegeben

Alle bekommen reihum einzeln elf Karten ausgegeben. Die verbleibenden Karten kommen umgedreht zusammen in einem Stapel als Talon in die Mitte. Zur Eröffnung des Abwurfstapels wird die oberste Karte vom Talon aufgedeckt und daneben gelegt. Ist die oberste Karte des Abwurfstapels nun ein Joker, eine 2 oder eine 3, so werden neue Karten aufgedeckt und darauf gelegt, bis dort eine Karte liegt, die kein Joker ist und einen Wert von 4 oder mehr hat.

So wird gespielt

1. Wer links von der Person sitzt, die gegeben hat, fängt an und zieht entweder eine Karte vom Talon oder nimmt den gesamten Abwurfstapel auf die Hand. Um den Abwurfstapel aufzunehmen, muss mit dessen oberster Karte sofort eine Meldung gemacht werden, d.h. es müssen drei oder mehr Karten mit dem gleichen Wert abgelegt werden. Wird eine Meldung gemacht, kommt sie vor dem Meldenden offen auf den Tisch. (Niemand ist gezwungen, Meldungen aus der Hand zu machen – bis auf die mit der ersten Karte aus dem Abwurfstapel.) In einem Zug können beliebig viele Meldungen gemacht werden; danach wird er durch Abwerfen einer Karte beendet.

FORTSETZUNG

2. Mitspielende, die eine rote 3 erhalten oder gezogen haben, legen diese offen vor sich ab und ziehen dafür eine neue Karte vom Talon.

3. Joker können an die Stelle jeder beliebigen Karte treten, doch eine Meldung muss immer mindestens zwei Karten enthalten, die keine Joker sind. Eine Meldung mit sieben Karten ist ein Canasta. Die Runde endet, wenn jemand keine Karten mehr auf der Hand und mindestens einen Canasta vor sich liegen hat. Wer keine Karten mehr hat, aber auch keinen Canasta, muss eine Karte vom Talon ziehen.

4. Am Ende der Runde zählen alle die Punkte aus ihren abgelegten Meldungen zusammen. (Nicht gemachte Meldungen, die noch auf der Hand sind, geben keine Punkte.) Wer am Ende der Runde noch Karten auf der Hand hat, muss auch die Punkte für die Hand ermitteln und von den Punkten aus den Meldungen abziehen.

5. Zunächst geben die Kartenwerte aller aufgedeckten Karten Punkte wie folgt:

   - Schwarze 3en, 4en, 5en, 6en und 7en = je 5 Punkte
   - 8en, 9en, 10en, Buben, Damen und Könige in beliebiger Farbe = je 10 Punkte
   - Asse oder 2en in beliebiger Farbe = je 20 Punkte
   - Joker = je 50 Punkte
   - Rote 3en = je 100 Punkte

6. Nach demselben System wie in Punkt 5 wird für jede Person auch der Wert seiner Handkarten berechnet und jeweils von dem der Karten in den Meldungen abgezogen.

7. Schließlich gibt es Bonuspunkte für:

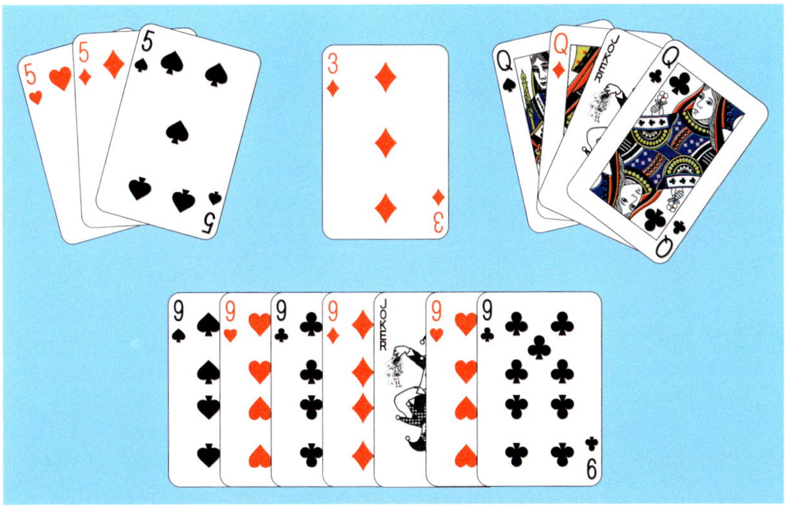

- Abschließen = 100 Punkte (Bonus für das Beenden der Runde)
- Vier rote 3en = 800 Punkte
- jeder gemischte Canasta (mit Jokern) = 300 Punkte
- jeder natürliche Canasta (ohne Joker) = 500 Punkte

8. Die Abbildung zeigt ein Beispiel, bei dem wir davon ausgehen, dass mit diesen Karten abgeschlossen wurde. Dann gibt es 5 Punkte für die schwarze 5, 30 Punkte für die drei Damen (je 10 Punkte), 60 Punkte für die sechs 9en (je 10 Punkte), 100 Punkte für die zwei Joker (je 50 Punkte), 100 Punkte für die rote 3, 100 Punkte Bonus fürs Abschließen, und 300 Punkte Bonus für den gemischten Canasta. Da mit dieser Hand abgeschlossen wurde, gibt es keine Handkarten mehr, und es braucht von diesen Punkten nichts mehr abgezogen zu werden. Insgesamt ergeben sich also 695 Punkte.

SCHWER

EUCHRE

VIER | **ALTERSGRUPPE:** 12+ | **SPIELDAUER:** 20 Minuten

Euchre (sprich: „Juuker") ist ein unterhaltsames Spiel um Strategie und Zusammenarbeit. Anfänglich könnte es ein wenig undurchsichtig scheinen, doch einmal verstanden, läuft es wie von selbst.

SPIELZIEL: zehn Punkte bekommen | **FERTIGKEITEN:** Strategie

SPIELMATERIAL:

- ein Kartenspiel ohne Joker, ohne Werte von 2 bis 8; dazu Papier und Bleistift, um den Punktestand festzuhalten

So wird gegeben

1. Alle erhalten fünf Karten, in Päckchen von je zwei oder drei Karten auf einmal. Die verbleibenden Karten werden umgedreht in einem Stapel in die Mitte gelegt und die oberste Karte aufgedeckt. Angefangen bei der Person links von der, die gegeben hat, werden dann alle Mitspielenden reihum gefragt, ob sie die Farbe der aufgedeckten Karte als Trumpf ansagen wollen – wer das tun möchte, sagt „Nimm sie". Dann nimmt die Person, die gegeben hat, die aufgedeckte Karte auf ihre Hand und legt dafür eine Karte anderer Farbe aus ihrer Hand umgekehrt unter den Stapel in der Mitte. Wer die ausliegende Farbe nicht als Trumpf ansagen möchte, muss passen. Das Spiel fängt an, sobald jemand Trumpf angesagt hat.
2. Wenn alle passen, werden erneut alle Mitspielenden nacheinander befragt, welche andere Kartenfarbe sie als Trumpf ansagen möchten. Will niemand Trumpf ansagen, geben alle ihre Karten zurück, und die Person links von der, die zuvor gegeben hatte, mischt und teilt erneut Karten aus.
3. Es wird paarweise jeweils mit dem Gegenüber zusammengespielt. Wer Trumpf angesagt hat, kann beschließen, „solo zu spielen", sofern man überzeugt ist, auch ohne Hilfe des Gegenübers alle Stiche holen zu können. In diesem Fall ist das Gegenüber bei dieser Runde nicht dabei und spielt auch seine Karten nicht aus.

So wird gespielt

1. Wer links von der Person sitzt, die gegeben hat, fängt an und spielt eine Karte aus. Im Uhrzeigersinn müssen darauf alle Mitspielenden die zuerst gespielte Kartenfarbe bedienen. Die höchste Karte der zuerst gespielten Farbe holt den Stich. Wer keine Karte der zuerst gespielten Farbe hat, darf mit einer beliebigen Karte der Trumpffarbe auf-trumpfen oder eine andere Farbe spielen. Wurde irgendwo in dem Stich Trumpf gespielt, so holt am Ende die höchste Karte in der Trumpffarbe den Stich – wie etwa im Beispielbild, wenn Karo Trumpf ist.

2. Auch wenn jemand solo spielt, geht das Ausspiel im Uhrzeigersinn um den Tisch, lediglich wird in diesem Fall das Gegenüber der solo spielenden Person ausgelassen. Ganz gleich also, wie viele beteiligt sind, eine Runde besteht in jedem Fall aus fünf Stichen.

3. Wertung:
   - Das Paar, das Trumpf angesagt hat, bekommt 1 Punkt, wenn es mindestens drei Stiche geholt hat.
   - Das Paar, das Trumpf angesagt hat, bekommt 3 Punkte, wenn es alle fünf Stiche geholt hat.
   - Hat jemand solo gespielt und alle fünf Stiche geholt, so bekommt das Paar 4 Punkte.

4. Als nächstes gibt die Person links von der, die in der abgeschlossenen Runde gegeben hat; das Spiel geht weiter, bis eines der Paare 10 Punkte hat und damit gewinnt.

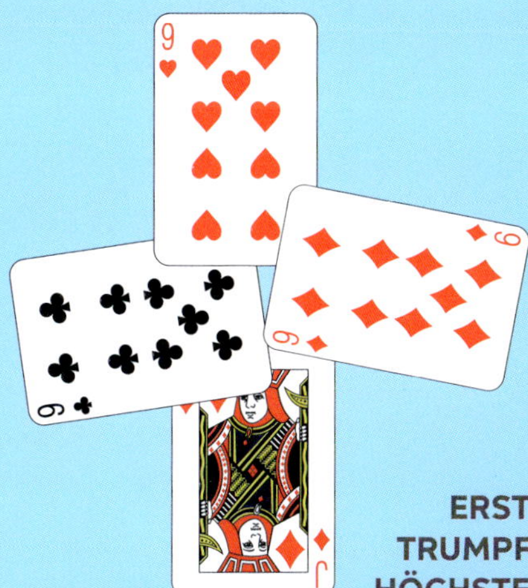

ERSTE KARTE IN TRUMPFFARBE BLEIBT HÖCHSTE TRUMPFKARTE UND HOLT DEN STICH

SCHWER

MARRIAGE

ZWEI BIS FÜNF **ALTERSGRUPPE: 12+** | **SPIELDAUER:** 60 Minuten

Diese Rommé-Variante aus Nepal gewinnt eigenen Reiz durch die Einführung von Karten mit Jokerfunktion. Die Regeln sind hier vereinfacht, um das Spiel familienfreundlicher zu machen, ohne auf strategische Nuancen zu verzichten.

SPIELZIEL: die meisten Punkte bekommen

SPIELMATERIAL:

◊ drei Kartenspiele, ohne Joker; dazu Papier und Bleistift zum Festhalten des Punktestands

So wird gegeben

Alle erhalten je 21 Karten, die einzeln und gegen den Uhrzeigersinn ausgeteilt werden. Die verbleibenden Karten kommen in einem umgedrehten Stapel als Talon in die Mitte. Zur Eröffnung des Abwurfstapels wird die oberste Karte vom Talon aufgedeckt und daneben gelegt.

So wird gespielt

1. Wer rechts von der Person sitzt, die gegeben hat, fängt an und zieht eine Karte, entweder vom Talon oder vom Abwurfstapel. Die gezogene Karte kann behalten und dafür eine andere abgeworfen werden, es kann aber auch die gezogene Karte abgeworfen werden. Es wird gegen den Uhrzeigersinn gespielt und jeweils eine Karte gezogen und eine abgeworfen.

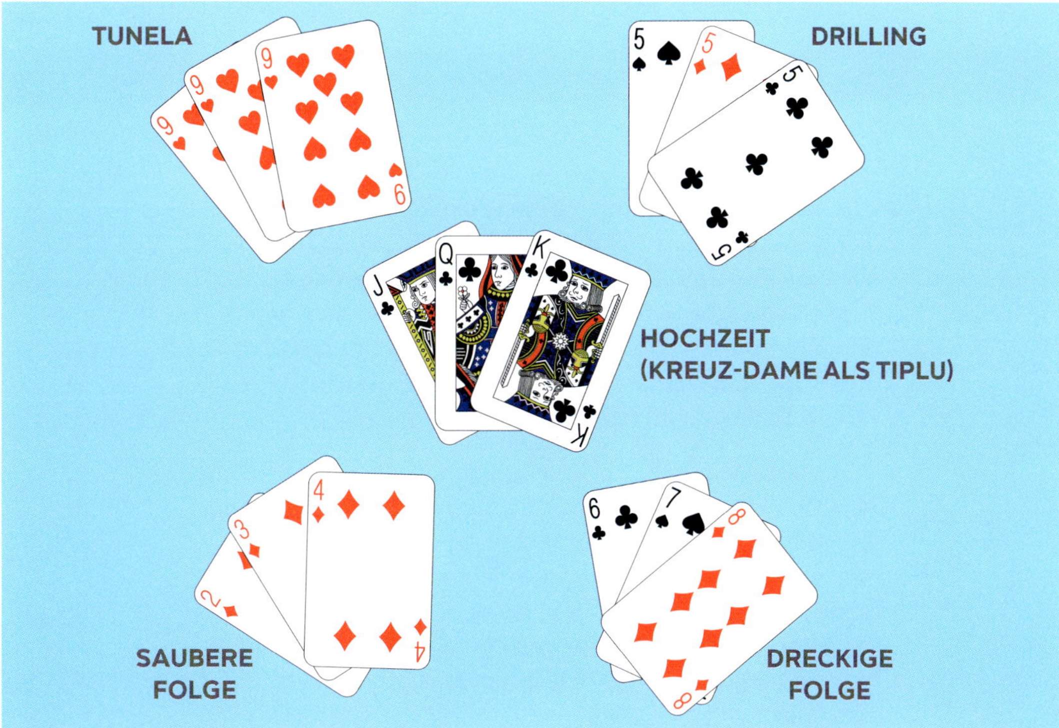

2. Ziel ist es, sieben Dreikartenkombinationen auf die Hand zu bekommen. Zulässig sind Dreikartenkombinationen, die entweder aus einer Serie von drei Karten mit gleichem Wert bestehen (also etwa 4, 4, 4 in beliebigen Farben) oder aus einer Folge von drei Karten mit aufeinanderfolgenden Werten (also etwa 7, 8, 9 in beliebigen Farben). Asse können Folgen entweder beginnen oder (nach dem König) beenden, aber nicht beides zugleich. Eine Serie von drei gleichen Werten in derselben Kartenfarbe ist eine Tunela , in unterschiedlichen Farben ein Drilling. Folgen in derselben Kartenfarbe heißen sauber, in unterschiedlichen Kartenfarben dreckig.

3. Wer als erstes drei Tunelas oder drei saubere Folgen hat (oder eine Kombination aus beiden), muss diese offen auf den Tisch legen, dann eine Karte irgendwo aus dem Talon ziehen, diese ansehen und dann wieder unter den Talon legen. Diese Karte ist jetzt das Tiplu und fungiert für den Rest der Runde als Joker. Die übrigen Mitspielenden können nur herausfinden, was das Tiplu ist, indem sie selbst drei Tunelas und/oder saubere Folgen auslegen – dann dürfen sie sich die unterste Karte des Talons ansehen.

FORTSETZUNG

4. Neben den beschriebenen Dreikartenkombinationen kann auch eine Marriage gebildet werden, eine „Hochzeit“ – eine saubere Folge mit dem Tiplu und dazu den beiden Karten derselben Farbe mit dem nächsthöheren und dem nächstniedrigeren Wert. (In der Abbildung ist die Kreuz-Dame das Tiplu, die Hochzeit besteht also aus Kreuz-Bube, Kreuz-Dame und Kreuz-König.)

5. Abgesehen von den drei Kombinationen, die nötig sind, um das Tiplu zu bestimmen bzw. anzusehen, werden alle Kombinationen auf der Hand behalten, bis ein Mitspielendes vier weitere zulässige Dreikartenkombinationen auslegen kann. Dann werden alle diese Kombinationen ausgelegt und die überzählige Karte abgeworfen: die Runde ist zu Ende, und für alle Mitspielenden werden Punkte berechnet wie folgt:

   - Wer die Runde beendet hat, bekommt 10 Punkte für alle Mitspielenden, die die Kombinationen für das Tiplu noch nicht ausgelegt haben, für alle anderen 3 Punkte.
   - Wer ein Tiplu hat, bekommt 3 Punkte pro Mitspielenden.
   - Wer eine Hochzeit hat, bekommt 10 Punkte pro Mitspielenden.

6. Das Spiel geht weiter, bis alle einmal gegeben haben; es gibt jeweils, wer rechts von der Person sitzt, die in der vorigen Runde gegeben hatte. Danach endet das Spiel, und der höchste Punktestand gewinnt.

SCHWER

HASENPFEFFER

ZWEI BIS VIER | **ALTERSGRUPPE: 12+** | **SPIELDAUER:** 30 Minuten

Hasenpfeffer erfreut sich im mittleren Westen der USA großer Beliebtheit. Es ist leicht zu erlernen, kann aber komplexe strategische Entscheidungen verlangen.

SPIELZIEL: allein oder als Paar zuerst 30 Punkte haben
FERTIGKEITEN: Strategie

SPIELMATERIAL:

- ◊ ein Kartenspiel mit Jokern, aber ohne die Werte von 2 bis 8; dazu Papier und Bleistift, um den Punktestand festzuhalten

So wird gegeben

Beim Spiel zu viert erhalten alle einzeln reihum sechs Karten ausgeteilt, zu zweit oder zu dritt acht Karten. Zu zweit bleiben die übrigen acht Karten verdeckt, werden beiseite gelegt und kommen in dieser Runde nicht ins Spiel.

So wird gespielt

1. Beginnend bei der Person links von der, die gegeben hat, wird gereizt: alle kündigen reihum an, wie viele der sechs möglichen Stiche sie hoffen, mit ihrer Kartenhand holen zu können. Mitspielende können auch einfach passen und auf die Ankündigung verzichten.

   Wer glaubt, sechs Stiche holen zu können, kann entweder mit „ein bisschen Pfeffer" reizen oder mit „reichlich Pfeffer". Im einen wie im andern Fall müssen alle sechs Stiche geholt werden; wer mit „reichlich Pfeffer" reizt, erhält dafür am Ende der Runde aber jedenfalls doppelt so viele Punkte (plus oder minus!).

2. Bei einem Spiel zu viert wird paarweise mit dem Gegenüber zusammengespielt, und die Reizgebote werden zusammengerechnet. (Wenn also jemand mit einem Stich reizt, das Gegenüber aber mit drei, so haben sie zusammen mit vier Stichen gereizt.) Wer (allein oder als Paar) am höchsten gereizt hat, darf ansagen, welche Kartenfarbe Trumpf sein soll. Die Wahl der Trumpffarbe ist völlig frei, und es kann auch ohne Trumpf gespielt werden.

FORTSETZUNG

3. Wer am höchsten gereizt hat, eröffnet den ersten Stich mit einer frei gewählten Karte aus der Hand. Dann müssen im Uhrzeigersinn alle die gespielte Farbe bedienen. Wer nicht bedienen kann, darf eine beliebige andere Karte spielen. Die höchste gespielte Trumpfkarte holt den Stich. In der Trumpffarbe hat der Bube den höchsten Wert, gefolgt von Ass, König, Dame, 10 und 9. Wird keine Trumpfkarte gespielt, holt den Stich die höchste Karte der zuerst gespielten Kartenfarbe. In den Nicht-Trumpffarben haben die Asse den höchsten Wert, gefolgt von Königen, Damen, Buben, 10en und 9en.

4. Sind alle Karten gespielt, werden die Punkte ermittelt. Wer allein oder als Paar ebenso viele Stiche (oder mehr) geholt hat wie anfänglich gereizt, bekommt so viele Punkte, wie das Reizgebot betrug. Hat ein Paar also mit vier Stichen gereizt und vier oder mehr Stiche geholt, so bekommt es vier Punkte. Wer allein oder als Paar weniger Stiche geholt hat als anfänglich angekündigt (also überreizt hat), bekommt so viele Punkte abgezogen, wie die Ankündigung betrug. Hat ein Paar also mit vier Stiche gereizt und nur drei oder weniger geholt, so verliert es vier Punkte.

5. Hat jemand (allein oder als Paar) mit „ein bisschen Pfeffer" gereizt und konnte alle sechs Stiche holen, so gibt dies 6 Punkte. Hat jemand mit „reichlich Pfeffer" gereizt und konnte alle sechs Stiche holen, so gibt dies sogar 12 Punkte. Hat umgekehrt jemand mit „ein bisschen Pfeffer" überreizt und weniger als sechs Stiche geholt, so gibt dies 6 Punkte Abzug, und für Überreizen mit „reichlich Pfeffer" gibt es 12 Punkte Abzug. Das Spiel endet, wenn jemand allein oder als Paar 30 Punkte hat.

SCHWER

ROOK

VIER **ALTERSGRUPPE:** 12+ | **SPIELDAUER:** 45 Minuten

Auch für Rook („Krähe") gib es eigene Spielkarten; hier stelle ich eine eng angelehnte Variante vor, die sich für ein normales Kartenspiel eignet.

SPIELZIEL: als erstes 1000 Punkte haben | **FERTIGKEITEN:** Strategie

SPIELMATERIAL:

◊ ein Kartenspiel mit einer Jokerkarte; dazu Papier und Bleistift, um Punktestände zu notieren

So wird gegeben

Alle erhalten 13 Karten reihum ausgeteilt. Die letzte Karte wird offen in die Mitte gelegt.

So wird gespielt

1. Angefangen bei der Person links von der, die gegeben hat, wird gereizt: alle Mitspielenden kündigen an, wieviele Punkte sie hoffen, mit ihrer Hand machen zu können, oder sie passen. Der Joker ist 20 Punkte wert, Asse 15 Punkte, Könige und Damen 10 Punkte, 5en 5 Punkte; alle anderen Karten sind wertlos. Zum Reizen gehört allerdings mehr, als die Punkte auf der Hand zusammenzuzählen – Punkte gibt es nur für Stiche, die auch geholt werden. Mit anderen Worten, es muss abgeschätzt werden, mit welchen Karten Stiche geholt und ob dabei Karten mit eigenen Punktwerten ergattert werden können.

FORTSETZUNG

2. Wenn alle gereizt haben, nimmt die Person mit dem höchsten Reizgebot die Karte aus der Mitte auf die Hand und wählt eine ihrer Karten, die dann beiseite gelegt wird. Außerdem erklärt sie eine Kartenfarbe zur Trumpffarbe.

3. Wer links von der Person sitzt, die gegeben hat, eröffnet den ersten Stich mit einer beliebigen Karte aus der Hand. Im Uhrzeigersinn geht es weiter; wenn möglich, müssen alle die Kartenfarbe bedienen. Wer nicht bedienen kann, darf eine beliebige andere Karte spielen. Am Ende holt die höchste Trumpfkarte den Stich. Wurde keine Trumpfkarte gespielt, so holt den Stich die höchste Karte in der Farbe der Eröffnungskarte. Wer den Stich geholt hat, nimmt die Karten zu sich und eröffnet den nächsten Stich. In jeder Farbe hat das Ass den höchsten Wert, gefolgt von König, Dame, Bube, 10 usw. Der Joker (die „Krähe") wird als Trumpfkarte behandelt, hat aber niedrigeren Wert als alle anderen Trumpfkarten.

4. Wenn alle Karten gespielt sind, zählen alle die Punkte aus den Stichen zusammen, die sie geholt haben. Wer als erstes 1000 Punkte hat, gewinnt.

SCHWER

SPADES

ZWEI ODER MEHR | **ALTERSGRUPPE:** 12+ | **SPIELDAUER:** 30 Minuten

Unser Lieblingsspiel für Teenager und Erwachsene – die perfekte Mischung aus Strategie, Glück und Psychologie.

SPIELZIEL: als erstes 300 Punkte haben | **FERTIGKEITEN:** Strategie

SPIELMATERIAL:

◊ ein Kartenspiel ohne Joker; dazu Papier und Bleistift, um Punktestände zu notieren

So wird gegeben

Alle Karten werden reihum einzeln an die Mitspielenden ausgeteilt. Erst wenn alle Karten ausgegeben sind, dürfen sie ihre Hand ansehen.

So wird gespielt

1. Angefangen bei der Person links von der, die gegeben hat, wird gereizt: alle kündigen an, wieviele Stiche sie mit ihrer Hand holen zu können meinen. Niemand darf passen, alle müssen mit mindestens einem Stich reizen.

FORTSETZUNG

2. Die „Schippen" (engl. spades, also Pik) sind immer Trumpf. Wer links von der Person sitzt, die gegeben hat, eröffnet den ersten Stich mit einer beliebigen Karte einer anderen Farbe als Pik. Kein Stich kann mit Pik eröffnet werden, bis ein Stich mit einer Trumpfkarte gemacht wurde. Im Uhrzeigersinn müssen alle die Farbe der Eröffnung bedienen. Wer nicht bedienen kann, darf eine beliebige andere Farbe spielen. Die höchste Trumpfkarte (also Pik) holt den Stich. Wird keine Trumpfkarte gespielt, holt die höchste Karte der Eröffnungsfarbe den Stich. Wer den Stich geholt hat, nimmt ihn zu sich und eröffnet den nächsten. Innerhalb jeder Farbe hat das Ass den höchsten Wert, dann König, Dame, Bube, 10 usw.

3. Sind alle Karten gespielt, bekommen alle Mitspielenden, die mindestens so viele Stiche geholt haben, wie ihr Reizgebot betrug, 10 Punkte für jeden gereizten Stich und einen Sandsack für jeden Stich mehr. Wer überreizt und weniger Stiche geholt hat als angekündigt, verliert für jeden gereizten Stich zehn Punkte. Wenn A zum Beispiel mit drei Stichen gereizt und vier geholt hat, so erhält A dafür 30 Punkte und einen Sandsack. Dagegen hat B mit drei Stichen gereizt und nur zwei geholt – und verliert dafür 30 Punkte. Wer im Lauf des Spiels zehn Sandsäcke zusammenbekommt, muss dafür 100 Punkte streichen. Das Spiel endet, wenn jemand 300 Punkte hat.

VARIANTE: Spades wird häufig in Teams gespielt, vor allem zu viert als Zweierteams. Wer einander gegenüber sitzt, spielt zusammen, d.h. Ankündigungen und Punkte dieser Mitspielenden werden zusammengezählt.

SCHWER

WHIST

VIER | **ALTERSGRUPPE: 12+** | **SPIELDAUER:** 45 Minuten

Whist eignet sich wunderbar zur Heranführung an das Prinzip der Stichspiele – es verfügt über alle Grundmerkmale der Gattung, kommt aber ohne Reizen oder komplizierte Regeln aus.

SPIELZIEL: als erstes Paar fünf Punkte haben | **FERTIGKEITEN:** Strategie

SPIELMATERIAL:

◊ ein Kartenspiel ohne Joker; dazu Papier und Bleistift, um Punktestände zu notieren

So wird gegeben

Alle Karten werden reihum einzeln an die Mitspielenden ausgeteilt. Die letzte Karte (die auf die Hand der Person geht, die gibt) wird aufgedeckt und zeigt die Trumpffarbe in dieser Runde. Wenn alle sie gesehen haben, kommt sie auf die Hand der Person, die gegeben hat.

So wird gespielt

1. Wer links von der Person sitzt, die gegeben hat, fängt an und eröffnet den ersten Stich. Alle andern müssen reihum im Uhrzeigersinn die Eröffnungsfarbe bedienen, soweit möglich. Wer nicht bedienen kann, darf eine beliebige andere Karte spielen. Die höchste Trumpfkarte holt den Stich. Wird keine Trumpfkarte gespielt, holt die höchste Karte in der Eröffnungsfarbe den Stich. Grundsätzlich haben Asse den höchsten Wert, 2en den niedrigsten.
2. Sind alle Karten gespielt, werden Punkte berechnet. Wer einander gegenübersitzt, spielt als Team zusammen und zählt geholte Stiche zusammen. Das Team mit den meisten Stichen bekommt einen Punkt für jeden Stich mehr als sechs. Hat es beispielsweise zusammen sieben Stiche geholt, so bekommt es einen Punkt. Das Team, das verloren hat, bekommt keine Punkte. Der Sieg geht an dasjenige Team, das zuerst fünf Punkte hat.

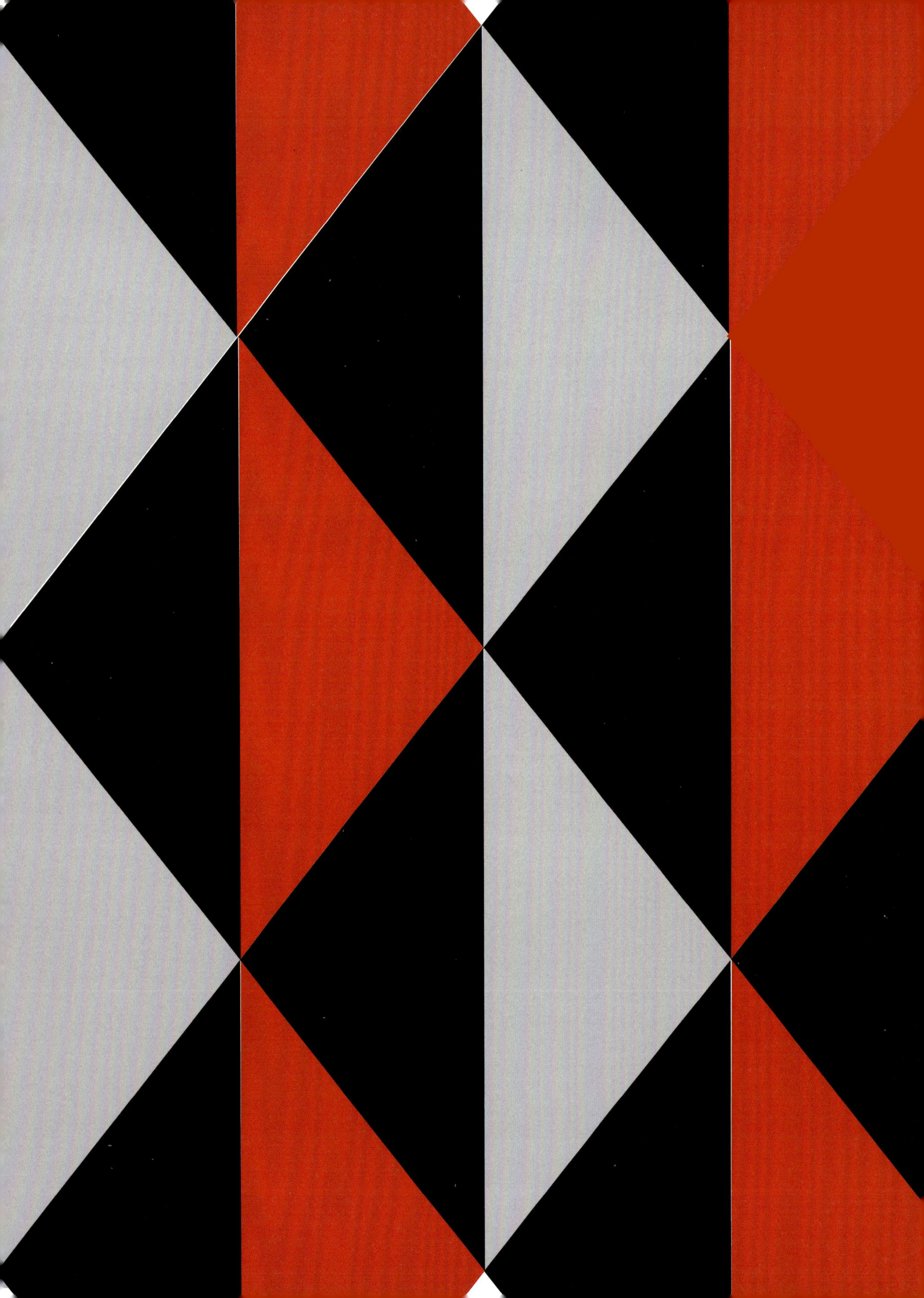

Teil Zwei

SPIELE FÜR ZWEI

LEICHT

BEGGAR MY NEIGHBOUR

ZWEI | **ALTERSGRUPPE:** 4+ | **SPIELDAUER:** 45 Minuten

Beggar my Neighbour („Bettel doch bei den Nachbarn") ist ein schönes Übergangsspiel, um kleinere Kinder mit Grundprinzipien bekannt zu machen, die in vielen anderen Kartenspielen auftauchen. Auf unterhaltsame und leichtverständliche Art können sie hier lernen, dass Karten Sonderfunktionen haben können.

SPIELZIEL: alle Karten bekommen

SPIELMATERIAL:

◊ ein Kartenspiel ohne Joker

So wird gegeben

Abwechselnd wird je eine Karte ausgegeben, bis keine mehr übrig ist und beide Mitspielenden je 26 Karten haben. Diese legen sie als umgedrehte Stapel vor sich hin.

So wird gespielt

1. Wer nicht gegeben hat, fängt an, dreht die oberste Karte des eigenen Stapels um und legt sie mitten auf den Tisch. Dann dreht das Gegenüber die oberste Karte seines Stapels um und legt sie auf die erste. So geht es weiter, bis eine Hofkarte gespielt wird – ein Ass oder eine Bildkarte.
2. Wird eine Hofkarte gespielt, muss das Gegenüber eine Strafe zahlen:
   - Ass = vier Karten
   - König = drei Karten
   - Dame = zwei Karten
   - Bube = eine Karte

3. Die Strafe wird gezahlt, indem entsprechend viele Karten offen auf den Haufen in der Mitte gelegt werden. Wer beim Bezahlen der Strafe eine Hofkarte aufdeckt, zahlt nicht weiter – in diesem Fall muss auf der Stelle das Gegenüber die Strafe für die zuletzt aufgedeckte Karte zahlen. Dann, wenn alle gezahlten Strafkarten Zahlenkarten sind, wird der ganze Abwurfstapel zusammengenommen und kommt unter den Stapel desjenigen Mitspielenden, der zuletzt eine Hofkarte gespielt hat. Damit beginnt eine neue Runde; wer die Karten erhalten hat, deckt wieder die oberste Karte des eigenen Stapels auf und legt sie in die Mitte.

4. Beispielsweise wurde in der Abbildung ein König aufgedeckt, und das Gegenüber hat drei Strafkarten gezahlt. Es handelt sich ausnahmslos um Zahlenkarten, und wer den König gespielt hat, bekommt nun alle vier aufgedeckten Karten.

5. Das Spiel geht weiter, bis eine der beiden Seiten alle Karten in der Hand hat.

VARIANTE: Um das Spiel zu verkürzen, könnt ihr die gewonnen Karten beiseite legen, anstatt sie unter euren Stapel zu legen. Das Spiel endet, sobald die Kartenstapel leer sind – es gewinnt wer die meisten Karten gewonnen hat.

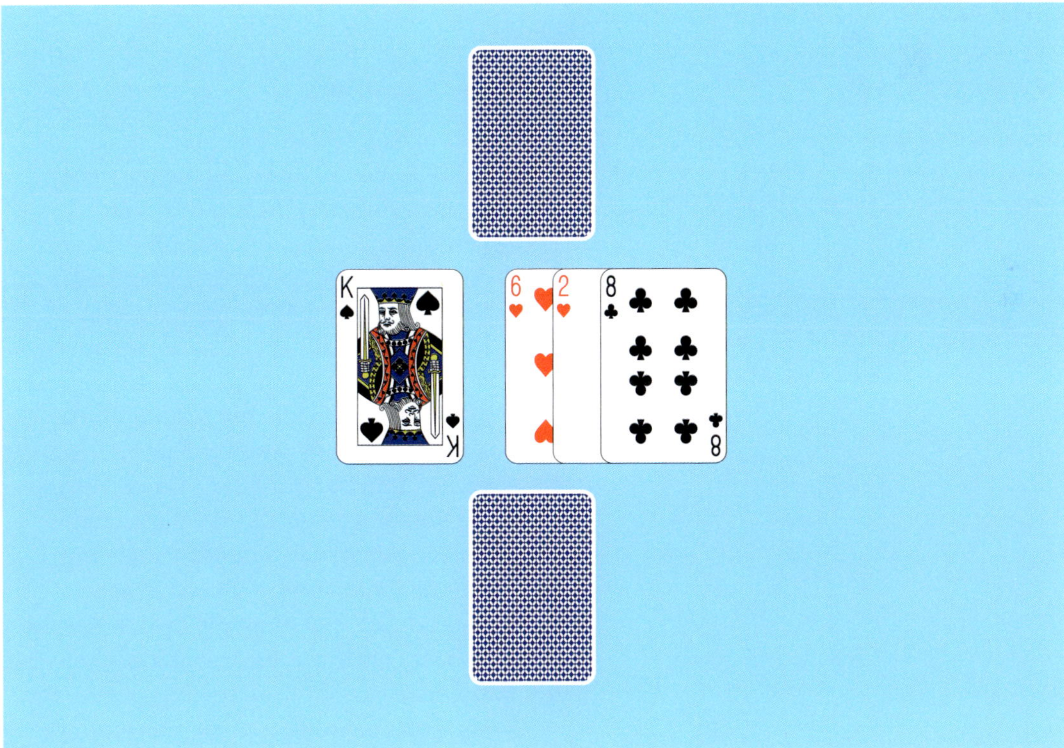

LEICHT

BIDDING WAR

ZWEI | **ALTERSGRUPPE:** 7+ | **SPIELDAUER:** 15 Minuten

Mit Bidding War („Bieterkrieg") macht es geradezu Spaß, Kindern die Prinzipien von Spielen mit Geboten näherzubringen. Es gibt keine Pokerplättchen zum Zählen irgendwelche Punkte und keine komplizierten Kartenbilder zu lernen, nur einfache Gebote und gelegentlich ein wenig Geschummel.

SPIELZIEL: alle Karten bekommen | **FERTIGKEITEN:** Grundrechenarten, Psychologie

SPIELMATERIAL:

◊ ein Kartenspiel ohne Joker

So wird gegeben

Abwechselnd wird je eine Karte ausgegeben, bis keine mehr übrig ist und beide Mitspielenden je 26 Karten haben. Diese legen sie als umgedrehte Stapel vor sich hin.

So wird gespielt

1. Wer nicht gegeben hat, fängt an und rät die Summe der obersten Karten in den beiden Stapeln. (Niemand hat die geringste Vorstellung, was für Karten das sind; es bleibt nur, blind zu raten.) Dann rät auch die Person, die gegeben hat – sie muss aber mindestens 2 mehr oder 2 weniger raten als die andere. Dann decken beide ihre oberste Karte auf und rechnen das Ergebnis aus. Asse zählen 1, Buben zählen 11, Damen zählen 12, Könige zählen 13, und alle anderen Karten haben den aufgedruckten Wert. Wer näher am tatsächlichen Ergebnis geraten hat, bekommt die beiden Karten und legt sie in einem Ablagehäufchen auf die Seite. Ist das Ergebnis gleich weit entfernt von beiden, muss sich ein Bieterkrieg anschließen.

2. Für einen Bieterkrieg schauen sich beide Seiten die jeweils nächste Karte ihres Stapels an. Wer begonnen hat, rät zuerst, wieviel die Summe der Karten beträgt; die andere Seite muss dann entweder sehen wollen oder als eigenen Vorschlag ein höheres Ergebnis nennen. Wenn sie erhöht, kann wiederum die erste Seite sehen wollen oder erhöhen. So geht es weiter, bis eine Seite sehen will.

3. Sobald jemand im Bieterkrieg sehen will, drehen beide Seiten ihre Karten um und rechnen das Ergebnis aus. Ist dieses niedriger als das letzte Gebot, gehen die Karten zusammen mit denen, die den Bieterkrieg hervorgerufen haben, an die Seite, die sehen wollte. Ist das Ergebnis höher, so verliert diese Seite, und die andere bekommt alle Karten.

4. So geht das Spiel weiter; die beiden Seiten wechseln sich ab, die Summe der obersten Karten zu raten, bis alle Karten aufgebraucht sind. Wer am Ende die meisten Karten hat, gewinnt.

LEICHT

WELCHE ZAHL IST ES?

ZWEI **ALTERSGRUPPE: 7+** | **SPIELDAUER:** 20 Minuten

Eine Variante des Brettspiels „Wer ist es?", bei der mit Ja-Nein-Fragen herausgefunden werden muss, welche Karte das Gegenüber hat

SPIELZIEL: möglichst viele Karten erhalten, indem ihr Wert mit möglichst wenigen Versuchen richtig erraten wird
FERTIGKEITEN: logisches Denken

SPIELMATERIAL:

◊ ein Kartenspiel ohne Joker, ohne Bildkarten

So wird gegeben

Die Karten werden gemischt und in einem verdeckten Stapel zwischen die beiden Mitspielenden gelegt.

So wird gespielt

1. Beide Seiten ziehen je eine Karte. Wer jünger ist, fängt an. Um zu erraten, was deren Karte ist, kann ihr eine Frage gestellt werden, die mit Ja oder Nein beantwortet werden kann. Einige Beispielfragen:
   - Ist die Zahl gerade?
   - Ist die Zahl größer als __?
   - Wird die Zahl mit Bögen geschrieben?
   - Hat die Zahl ein „I", wenn sie buchstabiert wird?
2. Alle Fragen sind erlaubt, solange sie mit Ja oder Nein beantwortet werden können. Die beiden Mitspielenden wechseln mit den Fragen ab. Wer die Karte des Gegenübers richtig rät, bekommt diese; das Gegenüber zieht eine neue Karte. Es wird immer weiter gespielt, bis alle Karten aufgebraucht sind. Wer am Ende die meisten Karten hat, gewinnt.

LEICHT

ZIELRECHNEN

ZWEI **ALTERSGRUPPE: 7+** | **SPIELDAUER:** 15 Minuten

Eine sagenhafte Möglichkeit, um mit Kindern Grundrechenarten zu üben. Sie verwenden die Karten, um selbst Rechenaufgaben zu stellen, und gewinnen auf diese Weise einen neuen, kreativen Zugang zur Mathematik.

SPIELZIEL: die meisten Karten sammeln | **FERTIGKEITEN:** Grundrechenarten

SPIELMATERIAL:

◊ ein Kartenspiel ohne Joker

So wird gegeben

Zwischen den beiden Mitspielenden werden fünf Karten offen in einer Reihe ausgelegt. Die verbleibenden Karten werden in einem umgedrehten Stapel als Talon daneben gelegt; die oberste Karte wird – wie in der Abbildung auf S. 120 gezeigt – aufgedeckt und zeigt den Zielwert an.

So wird gespielt

1. Die Mitspielenden sehen sich die fünf offenen Karten an und versuchen, eine Gleichung zu finden, nach der aus den Werten von zwei oder mehr dieser Karten der Zielwert hervorgeht. Um auf dieses Ziel zu kommen, können Zahlen addiert, subtrahiert, multipliziert oder dividiert werden. Zahlenkarten haben den aufgedruckten Wert; Asse = 1, Buben = 11, Damen = 12, Könige = 13. Wenn die Gleichung mehr als zwei Karten verwendet, können auch mehrere Rechenoperationen verwendet werden. Regeln zur Rechenreihenfolge können ignoriert werden.

FORTSETZUNG

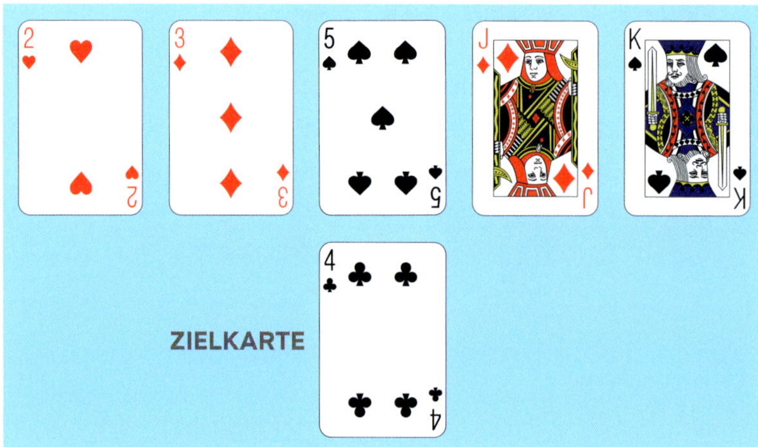

2. Ist beispielsweise der Zielwert 4, und es liegen offen aus 2, 3, 5, Bube und König, so wäre eine mögliche Gleichung 3 + 5 ÷ 2 (3 + 5 = 8 und 8 ÷ 2 = 4). Eine andere mögliche Gleichung wäre 2 + 5 abgezogen vom Buben (11), weil 2 + 5 = 7 und 11 – 7 = 4.

3. Wer als erstes auf eine passende Gleichung kommt, sagt sie laut und bekommt dann die dazu verwendeten Karten und die Zielkarte. Dann werden neue Karten vom Talon aufgedeckt, sodass wieder fünf Karten in der Mitte liegen und eine neue Zielkarte daneben.

4. Ist der Talon aufgebraucht ist, endet das Spiel. Wer dann die meisten Karten hat, gewinnt.

LEICHT

SCHWARZER PETER

ZWEI **ALTERSGRUPPE: 4+** | **SPIELDAUER:** 15 Minuten

Schwarzer Peter (vermutlich benannt nach einem Räuber, der um 1800 Hunsrück und Odenwald unsicher machte) ist ein Klassiker, den wohl alle schon einmal gespielt haben. Meist wird mit speziellen Karten gespielt, doch auch ein gewöhnliches Kartenspiel eignet sich dazu gut, wenn einer der Joker als Schwarzer Peter herhält. Gibt es keine Joker, kann stattdessen auch einer der Buben herausgenommen werden, sodass einer davon kein Gegenstück hat – das ist dann der Schwarze Peter.

SPIELZIEL: am Ende des Spieles nicht den Schwarzen Peter haben

SPIELMATERIAL:

- ein Kartenspiel mit einer Jokerkarte

So wird gegeben

Alle Karten werden unter den beiden Mitspielenden verteilt, abwechselnd immer eine.

So wird gespielt

1. Beide Mitspielenden schauen ihre Karten an und legen Paare mit gleichem Wert heraus (etwa also zwei 3en). Falls jemand drei gleiche Karten hat, kann nur ein Paar herausgelegt werden; die übrige Karte muss behalten werden, bis damit noch ein Paar gebildet werden kann.
2. Wer die Karten gegeben hat, fächert dann den Rest seiner Hand verdeckt auf und lässt das Gegenüber eine Karte ziehen. Vermag dieses, ein Paar damit zu bilden, so darf dieses wiederum herausgelegt werden. Dann fächert das Gegenüber seine Hand verdeckt auf und lässt die Person, die gegeben hat, eine Karte ziehen. Wieder werden entstandene Paare herausgelegt. So geht es immer hin und her, bis am Ende jemand nur noch den Joker (den Schwarzen Peter) auf der Hand hat – und somit verliert.

LEICHT

LEG'S ZUSAMMEN

ZWEI | **ALTERSGRUPPE:** 4+ | **SPIELDAUER:** 10 Minuten

Auch die Kleinsten können bereits Leg's zusammen spielen, und die Kreativität, mit der sie auf neue Ordnungsregeln kommen, ist bisweilen ganz erstaunlich. Ein wunderbares Spiel also für Eltern und Kinder.

SPIELZIEL: die Ordnungsregel des Gegenübers erkennen
FERTIGKEITEN: Kategorienbildung, Mustererkennung

SPIELMATERIAL:

◊ ein Kartenspiel ohne Joker

So wird gegeben

Einer der Mitspielenden hat alle Karten, der andere Spielpartner muss raten. Am Ende der Runde tauschen sie die Rollen.

So wird gespielt

1. Wer die Karten hat, sortiert sie offen auf zwei Häufen, ohne zu erklären, nach welcher Regel sie auf dem einen oder dem anderen Haufen landen. Wer keine Karten hat, muss versuchen, herauszufinden, was diese Regel ist. Es darf nur ein Kriterium verwendet werden, etwa also:

   - rot / schwarz
   - gerade / ungerade
   - unter 8 / 8 oder mehr
   - bis zu vier Buchstaben / mehr als vier Buchstaben (wenn der Kartenwert ausgeschrieben wird)

2. Wer bis zum Ende der Runde auf die Ordnungsregel kommt, gewinnt, sonst gewinnt, wer sie sich ausgedacht hat.

LEICHT

WAR

ZWEI **ALTERSGRUPPE: 4+** | **SPIELDAUER:** 15 Minuten

War (engl. „Krieg, (Karten-)Schlacht") ist ein sehr klassisches Kartenspiel, das es schon seit hunderten von Jahren gibt, und für viele ist es das erste Kartenspiel, das sie lernen. Es ist rasch vorbereitet, die Regeln sind einfach, und es gibt zahlreiche Möglichkeiten, Komplexität und Anspruch mit eigenen Zusatzregeln zu steigern.

SPIELZIEL: alle Karten bekommen

SPIELMATERIAL:

- ◊ ein Kartenspiel ohne Joker

So wird gegeben

Die Karten werden einzeln unter den beiden Mitspielenden verteilt, bis alle ausgegeben sind. Sie sehen sich ihre Karten jedoch nicht an, sondern legen sie in einem umgedrehten Stapel vor sich hin.

So wird gespielt

1. In jeder Runde drehen beide die oberste Karte ihres Stapels um und legen sie in die Mitte.
2. Wer die höhere Karte hatte, nimmt beide Karten an sich und legt sie unter den eigenen Kartenstapel. Werden zwei gleiche Karten aufgedeckt, führen die beiden Seiten eine Schlacht: Sie ziehen je drei weitere Karten von ihrem Stapel, von denen die ersten beiden umgedreht ausgelegt werden, die Dritte jedoch offen (vgl. die Abbildung auf S. 124).

FORTSETZUNG

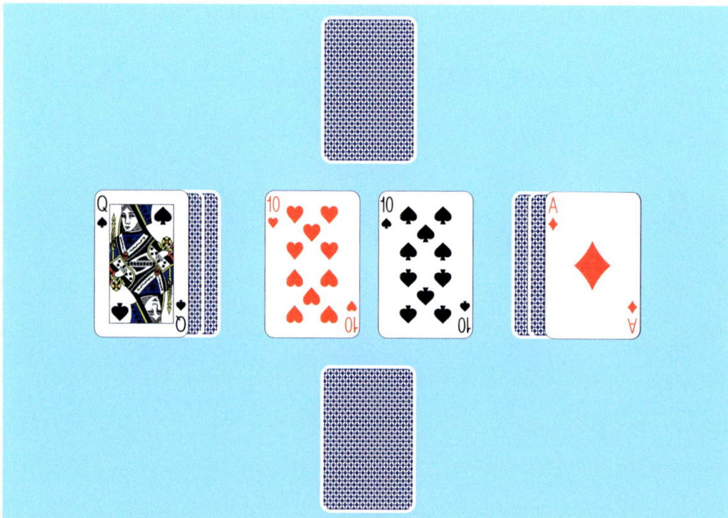

3. Wer dabei die höhere Karte aufgedeckt hat, gewinnt (Asse zählen mehr als Könige). Sollten auch diese Karten den gleichen Wert haben, folgt eine weitere Schlacht, die auf dieselbe Weise abgehandelt wird (zwei Karten umgedreht, die dritte offen). Das geht immer weiter, bis eine Seite eine höhere Karte aufgedeckt hat als die Andere. Dann gewinnt die höhere Karte alles, was sich bis zu diesem Punkt in der Mitte angesammelt hat. Das Spiel endet, wenn eins der Mitspielenden alle Karten hat.

VARIANTE: War lässt sich unschwer zur Übung von Grundrechenarten verwenden: Statt nur einer Karte decken die beiden Seiten je zwei Karten auf. Bei einem Additionskrieg geht die Runde dann an die Seite mit der höchsten Summe. Bei einem Subtraktionskrieg gewinnt die Seite mit der größten Differenz. Und in einem Multiplikationskrieg gewinnt das höchste Produkt. Um die Dauer des Spieles zu begrenzen, kann auch vorher ein Zeitpunkt festgelegt werden, bis zu dem gespielt wird. Wer dann die meisten Karten hat, gewinnt.

SPIELEABEND MIT DER FAMILIE

EIGENE SPIELE ERFINDEN

Eins der besten Dinge für einen Spieleabend mit der ganzen Familie ist das gemeinsame Erfinden eines Spieles! Zum einen wird dabei deutlich, welche Arten von Spielen und Spieltechniken den einzelnen Familienmitgliedern besonders gut gefallen, zum anderen ist es auch eine hervorragende Gelegenheit für kreatives Denken.

Das Spiel kann einfach ein neues Kartenspiel sein (wie z.B. Solitaire Twist), es kann aber auch andere Elemente enthalten, die deine Familie selbst auswählt. Schau nur einmal in die Bastelkiste oder in die Kramschublade, dort findest du bestimmt interessante Materialien. Lass dich also überraschen, was deine Familie mit Pappkarton, Eisstäbchen, übrigen Spielepöppeln und ein paar Trinkhalmen anzufangen vermag!

MITTEL

DOPPELPATIENCE

ZWEI | **ALTERSGRUPPE: 7+** | **SPIELDAUER:** 10 Minuten

Doppelpatience ist genau das, wonach der Name klingt: beide Seiten spielen auf einem gemeinsamen Spielfeld und eröffnen sich gegenseitig weitere Möglichkeiten zum Ausspiel.

SPIELZIEL: mehr Karten ausspielen als das Gegenüber

SPIELMATERIAL:

◊ zwei Kartenspiele mit deutlich unterscheidbarem Rückenbild, ohne Joker

So wird gegeben

1. Die beiden Mitspielenden bekommen je ein Kartenspiel und schaffen vor sich je eine Auslage mit sieben Spalten wie folgt:
   - erste Spalte: eine aufgedeckte Karte
   - zweite Spalte: eine umgedrehte Karte, darauf eine aufgedeckte Karte
   - dritte Spalte: zwei umgedrehte Karten, darauf eine aufgedeckte Karte
   - vierte Spalte: drei umgedrehte Karten, darauf eine aufgedeckte Karte
   - fünfte Spalte: vier umgedrehte Karten, darauf eine aufgedeckte Karte
   - sechste Spalte: fünf umgedrehte Karten, darauf eine aufgedeckte Karte
   - siebte Spalte: sechs umgedrehte Karten, darauf eine aufgedeckte Karte
2. Die jeweils verbleibenden Karten stellen den Talon dieses Spielenden dar.
3. Das Spielfeld ist zwischen den beiden Spaltenreihen.

So wird gespielt

1. Wer den niedrigsten Wert in der ersten Spalte hat, fängt an. Haben diese Karten den gleichen Wert, so zählt die offene Karte in der zweiten Spalte (danach die in der dritten, der vierten usw.). Als Päckchen werden drei Karten vom Talon gezogen und aufgedeckt – damit wird in der ersten Runde ein Abwurfstapel für diese Seite eröffnet. Zuerst muss die oberste dieser drei Karten an eine Spalte in der Auslage eines der Spielenden angelegt oder ins Spielfeld gespielt werden, ehe die Karte darunter verwendet werden kann. Lässt die oberste Karte

sich nicht auf diese Weise spielen, werden drei weitere Karten vom Talon gezogen und dann wieder in gleicher Weise verfahren. Um an eine Spalte angelegt werden zu können, muss eine Karte die jeweils andere Farbe haben als die, an die sie angelegt wird, und ihr Wert muss um genau eins niedriger sein.

2. Wird ein Ass aufgedeckt, kommt es aufs Spielfeld als Grundkarte, auf die fortan beide Seiten ausspielen können. Grundstapel beginnen mit dem Ass, auf das immer mit der gleichen Kartenfarbe in aufsteigender Wertefolge (2, 3, usw.) aufgebaut wird. Die offenen Karten der Spalten können in andere Spalten verlegt werden, sofern die unterste Karte der verlegten Kette die je andere Farbe und einen um 1 niedrigeren Wert hat als die, an die sie angelegt wird – dann wird die Karte frei, die bislang von der untersten Karte der Kette verdeckt war, und kann aufgedeckt werden. Liegt also beispielsweise in einer Spalte eine Kette aus Pik-5, Herz-4 und Kreuz-3, so können diese zusammen in eine andere Spalte verlegt werden, deren oberste Karte die Karo-6 ist.

3. Wer angefangen hat, nutzt alle Möglichkeiten zum Ausspielen, An- und Verlegen, die sich bieten, ohne neue Karten vom Talon zu ziehen. Sind alle Möglichkeiten erschöpft, endet der Zug, und das Gegenüber macht seinen Zug.

4. Ist der Talon eines Mitspielenden erschöpft, so nimmt es seinen eigenen Abwurfstapel auf (ohne die Reihenfolge der Karten zu verändern), dreht ihn um und legt ihn als neuen Talon vor sich. Entsteht in der Auslage eines Mitspielenden eine leere Spalte, weil alle Karten daraus ausgespielt oder anderswohin verlegt wurden, so kann die leere Position nur durch Ausspielen oder Verlegen eines Königs gefüllt werden.

5. Die Züge der beiden Seiten wechseln sich ab, bis entweder ein Spieler keine Karten mehr hat oder keine der Beiden mehr einen Zug machen kann. Wer alle Karten gespielt hat, gewinnt. Endet das Spiel hingegen, weil beide Seiten nichts mehr tun können, so gewinnt, wer die meisten Karten auf dem Grundstapel ausgespielt hat.

VARIANTE: Statt abwechselnd Züge zu machen, können die beiden Seiten auch gleichzeitig gegeneinander spielen.

MITTEL

MATT

ZWEI **ALTERSGRUPPE: 7+** | **SPIELDAUER:** 30 Minuten

Matt ist ein unterhaltsames Strategiespiel, dessen Name sich von „Schachmatt" herleitet – wie beim Schach ist das Ziel auch hier, das Gegenüber zugunfähig zu machen.

SPIELZIEL: die meisten Punkte bekommen | **FERTIGKEITEN:** Strategie

SPIELMATERIAL:

◊ ein Kartenspiel ohne Joker, ohne 2en bis 6en, ohne 8en und 9en, ohne Buben; Papier und Bleistift zum Aufzeichnen des Punktestandes

So wird gegeben

Beide Seiten erhalten zehn Karten in Gruppen von fünf und fünf.

So wird gespielt

1. Wer gegeben hat, fängt auch an und spielt eine Karte aus. Das Gegenüber muss nach Möglichkeit die Farbe bedienen. Wer die höhere Karte ausgespielt hat (die beste Karte ist das Ass, dann 10, König, Dame, 7), holt den Stich und eröffnet den nächsten. Wer nicht in der Lage ist, die Farbe zu bedienen, muss eine Karte gleichen Wertes spielen. In diesem Fall holt den Stich, wer die bessere Farbe gespielt hat (die beste Kartenfarbe ist Kreuz, dann Pik, Herz, Karo). Wer weder Farbe noch Wert bedienen kann, ist mattgesetzt, und die Runde endet. Das Spiel geht weiter, bis eine der beiden Seiten mattgesetzt ist. Wer gewonnen hat, erhält dann Punkte entsprechend dem Wert der mattsetzenden Karte und der Zahl der Stiche in der Runde.

Die Kartenwerte sind wie folgt:

- Asse = 11 Punkte
- 10en = 10 Punkte
- Könige = 4 Punkte
- Damen = 3 Punkte
- 7en = 7 Punkte

2. Wer beispielsweise das Gegenüber im sechsten Stich mit dem Kreuz-Ass mattsetzt, bekommt 66 Punkte (6 × 11).
3. Endet eine Runde, ohne dass eine Seite von der anderen mattgesetzt wird, ist das Spiel ein Patt, und niemand bekommt Punkte.
4. Das Spiel geht über vier Runden. Wer am Ende die meisten Punkte hat, gewinnt.

MITTEL

FLOTTE 50

ZWEI **ALTERSGRUPPE:** 7+ | **SPIELDAUER:** 15 Minuten

Mit Flotte 50 lassen sich hervorragend Grundrechenarten üben. Die Regeln sind einfach, und das Spiel erfordert so gut wie keine Vorbereitung – es ist schnell gelernt und schnell gespielt.

SPIELZIEL: die meisten Karten bekommen | **FERTIGKEITEN:** Grundrechenarten

SPIELMATERIAL:

◊ ein Kartenspiel ohne Joker

So wird gegeben

Die Karten werden gleichmäßig unter den beiden Mitspielenden aufgeteilt und als umgekehrte Stapel vor ihnen hingelegt.

So wird gespielt

1. Beide fangen gleichzeitig an und ziehen jeweils drei Karten von ihrem Stapel. Jeder denkt sich eine Gleichung aus, die alle drei Kartenwerte mitverwendet und ein Ergebnis möglichst nahe an 50 bildet. Wessen Resultat der 50 am nächsten kommt, gewinnt und bekommt alle Karten. Wenn beide Spieler auf dasselbe Resultat kommen, bekommen sie nur die eigenen Karten. Danach ziehen sie drei neue Karten und versuchen es von neuem. Das Spiel endet, wenn alle Karten aufgebraucht sind. Wer dann die meisten Karten zusammen hat, gewinnt.

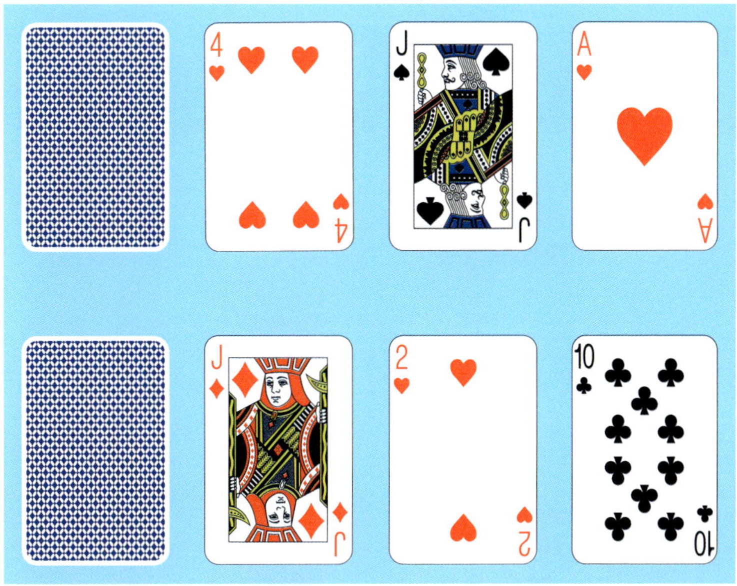

2. Um das Ergebnis 50 zu erreichen, können Kartenwerte nach Belieben addiert, subtrahiert, multipliziert oder dividiert werden. Zahlenkarten haben den aufgedruckten Wert, dazu sind Asse = 1, Buben = 11, Damen = 12 und Könige = 13. Unterschiedliche Rechenoperationen können verwendet und die Regeln zur Rechenreihenfolge ignoriert werden.

3. In der Abbildung beispielsweise könnte die obere Kartenhand gerechnet werden als 4 × 11 + 1 = 45. Das wäre besser als die untere Hand, falls diese nämlich berechnet wird als 11 × 2 + 10 = 32.

VARIANTE: Statt jede Karte als festen Wert zu behandeln, können die Mitspielenden in dieser Variante aus zwei einstelligen Ziffern eine zweistellige Zahl bilden, also etwa aus der 2 und der 6 die 26. Dadurch werden noch mehr Gleichungen möglich.

MITTEL

AUFSPIEßEN

ZWEI | **ALTERSGRUPPE:** 7+ | **SPIELDAUER:** 10 Minuten

Aufspießen ist ein schnelles Spiel, das oft recht lebhaft wird. Beide Spieler beeilen sich, ihre Karten zuerst zu spielen, und die Karten fliegen nur so!

SPIELZIEL: alle Karten loswerden

SPIELMATERIAL:

◊ ein Kartenspiel ohne Joker

So wird gegeben

Beide Mitspielenden bekommen 26 Karten, immer abwechselnd eine. Dann legen sie vor sich fünf umgekehrte Päckchen als Bestand aus, wobei das erste aus einer Karte besteht, das zweite aus zwei Karten usw. Sind die fünf Bestandspäckchen alle aufgeschichtet, wird von jedem die oberste Karte umgedreht. Die übrigen 11 Karten liegen jeweils vor den Mitspielenden als deren Nachziehstapel.

So wird gespielt

1. Wenn sie bereit sind, sagen beide gemeinsam „Spieß!" und spielen dann gleichzeitig, dürfen dabei allerdings nur eine Hand verwenden. Als erstes ziehen sie Karten von ihrem Bestand und legen sie nebeneinander auf das gemeinsame Spielfeld zwischen den Bestandsreihen – das sind die Spießhaufen. Beide Seiten müssen alle Karten aus ihrem Bestand auf Spießhaufen bringen.
2. Um auf einen Spießhaufen gespielt werden zu können, muss der Wert einer Karte genau eins mehr oder eins weniger betragen als die oberste Karte des Spießhaufens – die Kartenfarbe ist egal. Beispielsweise können auf jede beliebige 9 also alle 8en und alle 10en gespielt werden. Wer eine Karte von einem Bestandspäckchen spielt, kann dann die darunter liegende umgedrehte Karte aufdecken. Wird eine Position im Bestand frei, kann sie mit einer offenen Karte aus einem anderen Bestandspäckchen belegt werden.
3. Wenn beide Seiten außerstande sind, noch etwas auszuspielen, sagen sie wieder gemeinsam „Spieß!" und legen die nächsten Karten von ihren Nachziehstapeln auf die Spießhaufen. So wird weitergespielt, bis einer der folgenden beiden Fälle ein tritt:

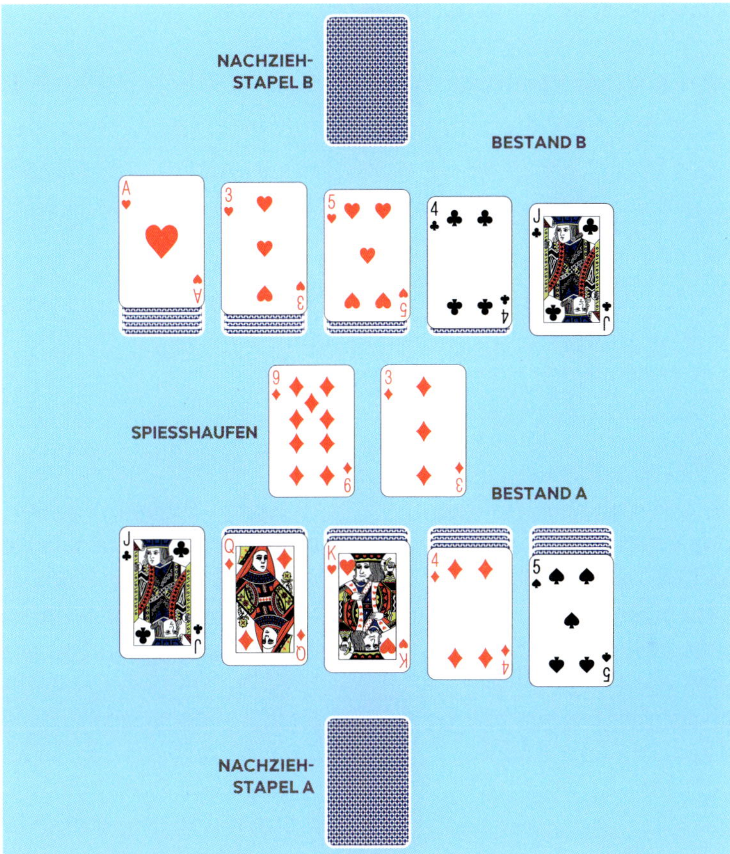

- eine Seite hat alle Karten aus ihrem Bestand ausgespielt (und gewinnt damit)
- beide haben ihre Nachziehstapel abgetragen, können aber auch nichts mehr ausspielen (in diesem Fall gewinnt, wer weniger Karten vor sich liegen hat).

SCHWER

DEUTSCHES WHIST

ZWEI **ALTERSGRUPPE: 12+** | **SPIELDAUER:** 15 Minuten

Diese Zweiervariante des populären Kartenspiels Whist ist optimal für Freunde von Stichspielen, die keine dritte Person finden. Trotz der Bezeichnung „Deutsches Whist" stammt dieses Spiel eigentlich aus Großbritannien.

SPIELZIEL: mehr als 6 der letzten 13 Stiche holen

SPIELMATERIAL:

◊ ein Kartenspiel ohne Joker

So wird gegeben

Den Mitspielenden werden abwechselnd Karten ausgegeben, bis beide 13 auf der Hand haben. Die verbleibenden Karten werden umgedreht in einem Stapel als Talon zwischen die beiden gelegt. Wer gegeben hat, deckt auch noch die oberste Karte des Talons auf, die die Trumpffarbe für diesen Durchgang anzeigt, und legt sie oben auf den Talon.

So wird gespielt

1. Wer nicht gegeben hat, fängt an und spielt als Eröffnung eine beliebige Karte aus der Hand. Wer gegeben hat, darf darauf eine beliebige Karte aus der eigenen Hand spielen, muss aber nach Möglichkeit die Kartenfarbe bedienen. Ist das nicht möglich, darf eine beliebige andere Karte aus der Hand gespielt werden. Den Stich holt, wer die höhere Trumpfkarte gespielt hat. Wurde nur eine Trumpfkarte gespielt, so holt diese den Stich. Wurde keine Trumpfkarte gespielt, so holt die höchste Karte in der Eröffnungsfarbe den Stich.

2. Die Karten dieses Stiches werden umgedreht und beiseite gelegt (sie zählen noch nicht für den Ausgang des Spiels, können also jedenfalls alle zusammengeworfen werden). Wer den Stich gewonnen hat, nimmt die (aufgedeckte) oberste Karte vom Talon, wer ihn verloren hat, zieht die (verdeckte) nächste Karte und deckt dann die wiederum nächste Karte des Talon auf, sodass sie zu sehen ist. Die neue Karte auf dem Talon hat keinen Einfluss auf die Trumpffarbe! Wer den Stich geholt hat, eröffnet den nächsten.

3. Nach 13 Stichen ist der Talon erschöpft. Es wird weitergespielt wie zuvor, doch nun wird nach einem Stich keine Karte mehr gezogen (da es ja auch keinen Talon mehr gibt) und wer fortan einen Stich holt, sammelt die Karten bei sich. Diese letzten 13 Stiche entscheiden das Spiel: wenn alle Karten ausgespielt sind, hat gewonnen, wer von den letzten 13 Stichen die meisten geholt hat.

VARIANTE: Bei einer Variante, die als Honeymoon Whist („Flitterwochen-Whist") bekannt ist, bleiben die beiden Joker im Spiel. Die Joker sollten unterscheidbar sein, sodass der eine zum hohen Joker erklärt werden kann und der andere zum Niedrigen. Die Joker sind immer Trumpf; der hohe Joker ist die höchste Trumpfkarte, dann kommt der niedrige Joker, dann das Ass der Trumpffarbe.

SCHWER

GOPS

ZWEI **ALTERSGRUPPE: 12+** | **SPIELDAUER:** 15 Minuten

GOPS steht für Game of Pure Strategy, „reines Strategiespiel". Tatsächlich fangen beide Seiten mit völlig gleichwertigen Karten an, und niemand braucht auf Glück zu hoffen. Vielmehr müssen beide scharf aufpassen und im Auge behalten, welche Karten noch übrig sind, um das Spiel zu gewinnen.

SPIELZIEL: die meisten Punkte in Gestalt von Loskarten erringen
FERTIGKEITEN: Strategie, Konzentration, Psychologie

SPIELMATERIAL:

◊ ein Kartenspiel ohne Joker und ohne die Kartenfarbe Herz

So wird gegeben

Die Kartenfarbe Karo wird gemischt und als Losstapel in die Mitte gelegt. Dann erhält die eine Seite alle Karten der Kartenfarbe Kreuz, die andere aller Karten der Kartenfarbe Pik.

So wird gespielt

1. Die oberste Karte des Losstapels wird umgedreht. Dann wählen beide Mitspielende jeweils aus ihrer Hand, welchen Kartenwert sie bieten möchten, um das aufgedeckte Los zu bekommen. Wer das höchste Gebot macht (das Ass ist am höchsten, danach König, Dame usw.), gewinnt die Loskarte. In der Abbildung auf der gegenüberliegenden Seite gewinnt den Buben also Gebot A. Die Gebote werden gleichzeitig aufgedeckt. Bieten beide gleich viel (d.h. haben die Karten den gleichen Wert), so wird die Loskarte abgelegt. Auch alle ausgespielten Gebotskarten werden abgelegt.

2. So wird weiter gespielt, bis auf alle 13 Lose geboten wurde. Dann ermitteln beide Seiten den Punktwert der gewonnenen Lose wie folgt:

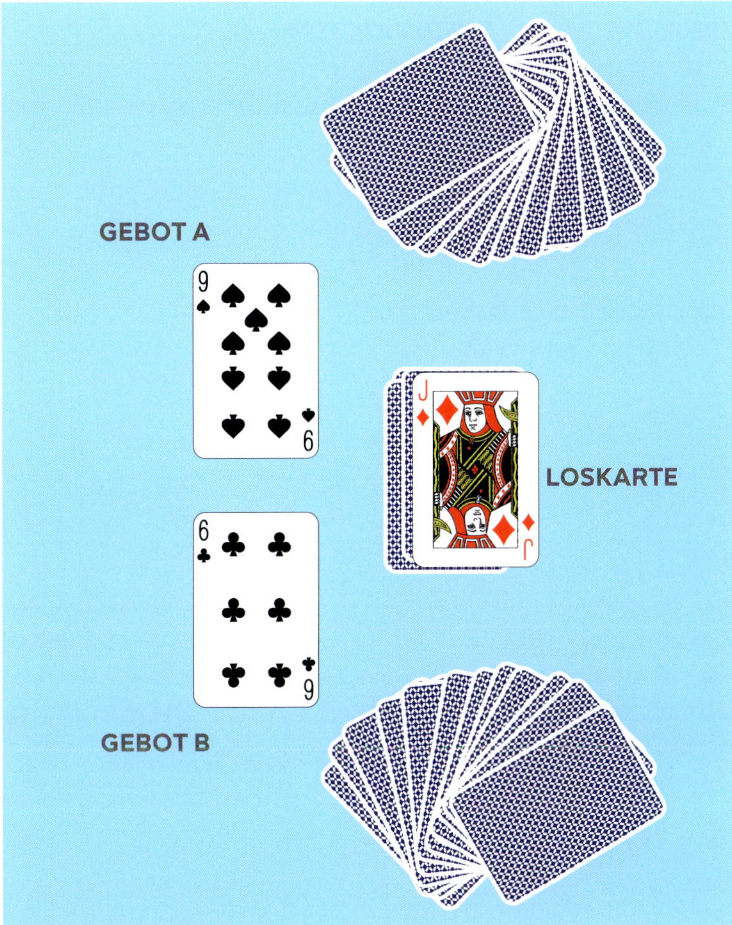

- König = 12 Punkte
- Dame = 11 Punkte
- Bube = 10 Punkte
- 2 bis 10 = aufgedruckter Wert
- Ass = 1 Punkt

3. Wer die meisten Punkte hat, gewinnt.

SCHWER

ROMMÉ

ZWEI **ALTERSGRUPPE: 12+** | **SPIELDAUER:** 15 Minuten

Rommé ist ein Klassiker – ein grundlegendes Kartenspiel, dessen Elemente in Dutzenden anderer Spiele anzutreffen sind. Es zählt zu den beliebtesten Kartenspielen der Welt, und wenn ihr es einmal gespielt habt, versteht ihr auch, warum.

SPIELZIEL: die meisten Punkte bekommen

SPIELMATERIAL:

◊ ein Kartenspiel ohne Joker

So wird gegeben

Beide Seiten erhalten abwechselnd einzeln zehn Karten. Die verbleibenden Karten kommen in einem umgedrehten Stapel als Talon in die Mitte. Zur Eröffnung des Abwurfstapels wird die oberste Karte vom Talon aufgedeckt und daneben hingelegt.

So wird gespielt

1. Wer nicht gegeben hat, fängt an und darf eine Karte vom Talon oder vom Abwurfstapel ziehen und dann Kartenbilder von der Hand offen vor sich auslegen. Zulässige Kartenbilder sind:

   - Folgen: drei oder mehr aufeinanderfolgende Karten der gleichen Kartenfarbe (z.B. Herz-5, Herz-6, Herz-7)
   - Sätze: drei oder vier Karten mit dem gleichen Wert (z.B. drei oder vier Damen)

   Asse können hoch sein oder niedrig (also etwa Dame, König, Ass, oder aber Ass, 2, 3), aber nicht beides zugleich (d.h. König, Ass, 2 ist nicht zulässig).

2. Nachdem alle gewünschten Kombinationen ausgelegt sind, wird eine beliebige Karte von der Hand abgeworfen, und das Gegenüber ist an der Reihe. Wer vom

Abwurfstapel gezogen hat, darf die gezogene Karte nicht im selben Zug wieder abwerfen. Wer nach dem Ziehen keine Kartenbilder auslegen kann, wirft einfach eine Karte ab, und das Spiel geht weiter. Ist der Talon irgendwann abgetragen, wird der Abwurfstapel als frischer Talon umgedreht.

3. So lange wechseln die beiden Mitspielenden sich darin ab, Karten zu ziehen, Kombinationen auszulegen (oder Karten, die an bereits ausliegende Kombinationen passen – sowohl an eigene als auch an die des Gegenübers) und dann wieder eine Karte abzuwerfen, bis eines von ihnen „ausmacht", d.h. keine Karten mehr auf der Hand hat. Sobald jemand ausmacht, endet das Spiel, und es werden Punkte berechnet wie folgt:

- Bildkarten zählen je 10 Punkte. Zahlenkarten haben den aufgedruckten Wert. Asse zählen je 1 Punkt.

Karten, die an eine Kombination des Gegenübers anschließen, zählen dennoch für die Seite, die sie gespielt hat. Deshalb sollten solche Karten vor dem Mitspielenden bleiben, der sie ausspielt, und nicht zum Kartenbild des Gegenübers hinzugefügt werden (siehe etwa die Pik-9 in der Abbildung unten). Das macht das Punktezählen am Ende des Spieles einfacher.

4. Kann jemand ausmachen, ehe das Gegenüber ein einziges Kartenbild auslegen konnte (weil z.B. die erste Hand aus lauter Kartenbildern besteht), so verdoppeln sich die Punkte. Wer am Ende die meisten Punkte hat, gewinnt.

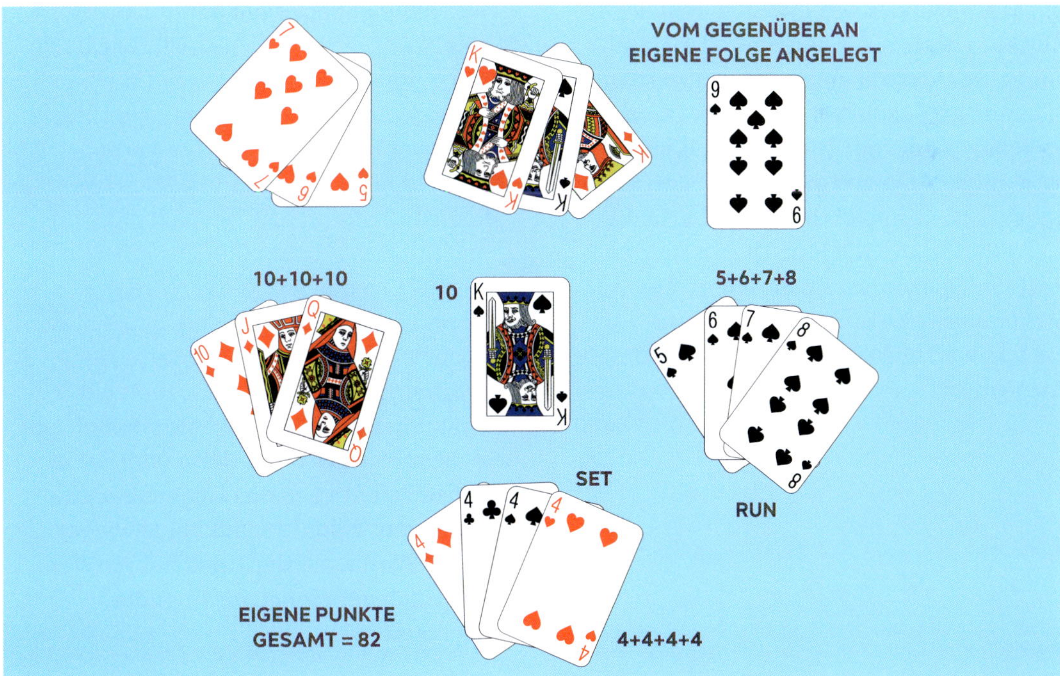

SCHWER

66

ZWEI **ALTERSGRUPPE: 12+** | **SPIELDAUER:** 30 Minuten

66, auch als Skat bekannt , ist ein klein wenig wie Yatzi, weil es darauf ankommt, Runden in der richtigen Folge zu gewinnen. Dadurch erhält ein sonst recht typisches Stichspiel eine ganz eigene Note von Glück und Strategie.

SPIELZIEL: sieben Punkte bekommen | **FERTIGKEITEN:** Strategie

SPIELMATERIAL:

◊ ein Kartenspiel ohne Joker, ohne 2en bis 8en

So wird gegeben

Die Mitspielenden erhalten zweimal drei Karten, sodass sie je sechs auf der Hand haben. Die verbleibenden Karten werden in einem umgekehrten Stapel als Talon zwischen sie gelegt. Die oberste Karte wird aufgedeckt und unter den Talon geschoben: Sie zeigt die Trumpffarbe für diese Runde an. (Die Karte bleibt für den Rest des Spieles, wo sie ist, sofern sie nicht gegen eine andere Karte eingetauscht wird wie in Schritt 3 der Regeln dargestellt.)

So wird gespielt

1. Wer nicht gegeben hat, fängt an und spielt als Eröffnung eine beliebige Karte aus der eigenen Hand, worauf die Person, die gegeben hat, mit einer Karte aus ihrer Hand erwidert. Die Farbe braucht nicht bedient zu werden. Wer die höchste Trumpfkarte gespielt hat, holt den Stich. Wird nur eine Trumpfkarte gespielt, so gewinnt diese. Wird gar keine Trumpfkarte gespielt, gewinnt der höchste Wert in der Kartenfarbe der Eröffnung. Wer den Stich geholt hat, nimmt beide Karten, legt sie vor sich und zieht schließlich eine Karte vom Talon; danach zieht auch das Gegenüber eine Karte vom Talon, sodass beide wieder sechs Karten auf der Hand haben. Wer den Stich geholt hat, eröffnet den nächsten.

2. Wer Dame und König derselben Kartenfarbe hat, kann eine „Hochzeit" ansagen, indem beide Karten vorgewiesen und danach mit einer von ihnen der nächste Stich eröffnet wird. Ist der Talon abgetragen, können keine Hochzeiten mehr angesagt werden.

3. Ist der Talon abgetragen, muss außerdem nach Möglichkeit die Farbe bedient werden. Wer mindestens einen Stich und die 9 der Trumpffarbe hat und nun einen neuen Stich eröffnet, kann die Trumpfkarte unter dem Talon mit der 9 „rauben" – d.h. gegen diese eintauschen.

4. Das Spiel geht, bis entweder alle Karten gespielt sind oder eine der beiden Seiten – nachdem sie einen Stich geholt hat – das Spiel schließt, weil sie überzeugt ist, mit ihrer aktuellen Hand auf 66 Punkte oder mehr zu kommen. Das wird angezeigt, indem die offene Trumpfkarte neben dem Talon wieder umgedreht und daraufgelegt wird. Von da an geht das Spiel weiter, als sei der Talon abgetragen: es ist nicht mehr möglich, Karten nachzuziehen oder Hochzeiten anzusagen, bzw. eine Farbe, die bedient werden muss.

5. Zum Abschluss der Runde werten beide Seiten die Karten ihrer Stiche aus wie folgt:
   - Hochzeit in der Trumpffarbe = 40 Punkte
   - Hochzeit in anderer als der Trumpffarbe = 20 Punkte
   - Asse = je 11 Punkte
   - 10en = je 10 Punkte
   - Könige = je 4 Punkte
   - Damen = je 3 Punkte
   - Buben = je 2 Punkte

6. In einer Runde, die nicht endete, weil eine der beiden Seiten das Spiel schloss, sondern weil der Talon abgetragen war, bekommt die Seite, die den letzten Stich geholt hat, 10 Punkte.

7. Sind alle Karten ausgewertet, gibt es Siegpunkte wie folgt:
   - Wer durch seine Karten die meisten Punkte hat, gewinnt und erhält einen Siegpunkt.
   - Wer mindestens 66 Punkte aus den Karten hat, während das Gegenüber mindestens einen Stich gemacht hat, aber weniger als 33 Punkte, erhält zwei Siegpunkte.
   - Wer mindestens 66 Punkte aus den Karten hat, während das Gegenüber nicht einen einzigen Stich holen konnte, erhält drei Siegpunkte.
   - Hat jemand das Spiel geschlossen, kommt aus den Karten aber nicht auf 66 Punkte, so hat das Gegenüber gewonnen und erhält Siegpunkte, als hätte es aus seinen Karten eine höhere Punktzahl erzielt.

8. Wer zuerst sieben Siegpunkte hat, gewinnt.

SCHWER

SPITE AND MALICE

ZWEI | **ALTERSGRUPPE: 12+** | **SPIELDAUER:** 15 Minuten

Das amerikanische Spite and Malice, „Trotz und Boshaftigkeit", trägt seinen Namen ganz zu Recht: um später selbst Nutzen daraus zu ziehen, können die beiden Seiten hier Karten auf ihre Ersatzstapel abschieben, die dem Gegenüber schon jetzt helfen könnten. Dabei bleibt aber alles ganz freundschaftlich – sei also nicht überrascht, wenn dieses Spiel sich zu einem Familienfavoriten mausert.

SPIELZIEL: den eigenen Abzahlstapel abtragen | **FERTIGKEITEN:** Strategie

SPIELMATERIAL:

◊ zwei Kartenspiele ohne Joker

So wird gegeben

Die beiden Kartenspiele werden zusammengemischt, und beide Seiten erhalten 26 Karten, abwechselnd einzeln ausgegeben. Diese legst du jeweils in einem umgedrehten Stapel als Abzahlstapel vor dichh nieder. Die verbleibenden Karten werden in einem umgedrehten Stapel als Talon zwischen euch beide gelegt. Schließlich wird die oberste Karte jedes Abzahlstapels umgedreht und obenauf gelegt.

So wird gespielt

1. Wer nicht gegeben hat, fängt an und zieht fünf Karten vom Talon auf die Hand. Nun können aus der Hand und vom Abzahlstapel beliebig viele Karten in die Mitte gespielt werden (Wird vom Abzahlstapel gespielt, so wird die nächste Karte darauf umgedreht und kann fortan ebenfalls gespielt werden.). In der Mitte müssen Stapel gebildet werden, die mit einem Ass anfangen und dann – ohne Berücksichtigung der Kartenfarbe – die weiteren Kartenwerte in lückenlos steigender Folge enthalten (sodass also etwa eine beliebige 3 auf eine beliebige 2 gelegt wird). Wenn niemand ein Ass hat, wird abwechselnd aus dem Talon gezogen, bis jemand ein Ass hat, das in die Mitte gespielt werden kann.

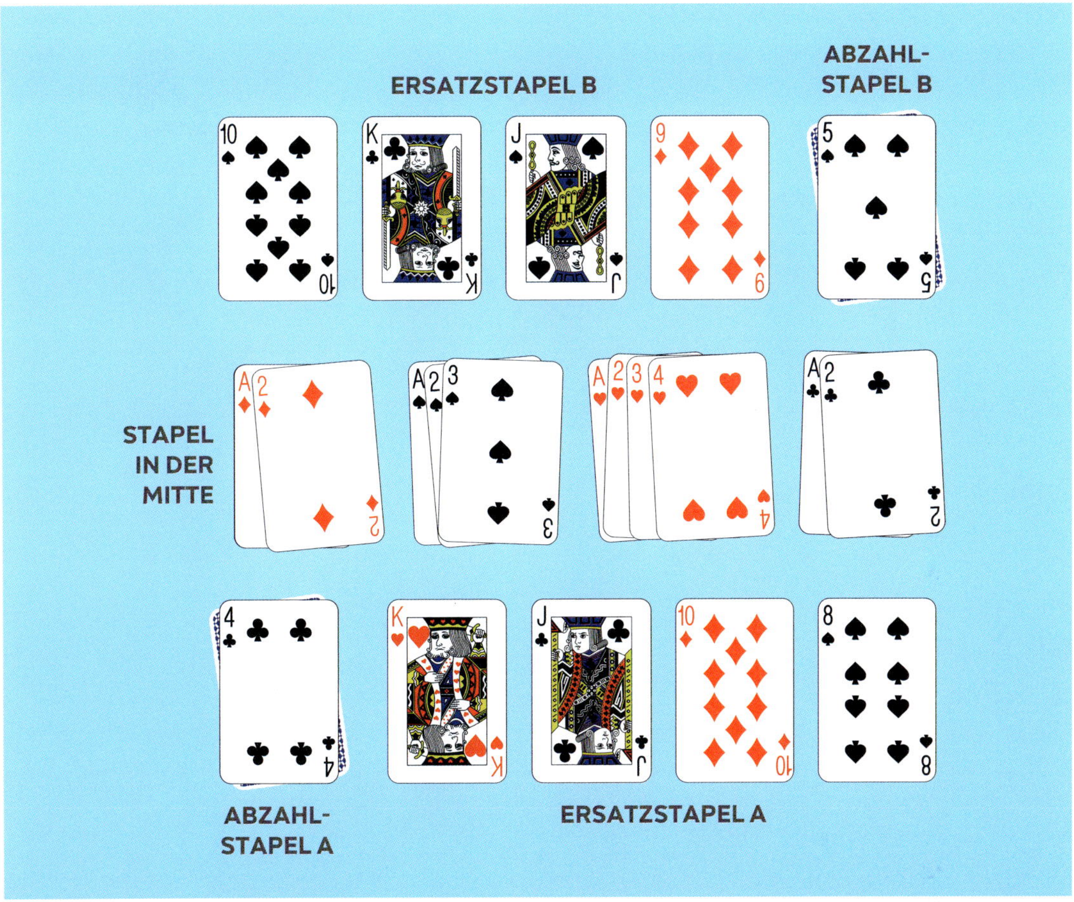

2. Wer nichts mehr hat, was in die Mitte gespielt werden könnte, darf neben dem eigenen Abzahlstapel eine Karte auf einen Ersatzstapel setzen. Jede Seite darf bis zu vier solcher Ersatzstapel eröffnen. Die Zahl der Karten in den Ersatzstapeln ist dabei zwar unbegrenzt, doch gespielt werden kann nur jeweils die oberste Karte (was darunter liegt, ist erst wieder zugänglich, wenn die Karten darüber weg sind).

3. Wenn du an der Reihe bist, müssen die beiden Seiten jeweils so viel vom Talon nachziehen, dass du insgesamt fünf Karten auf der Hand hast. Wer alle fünf Karten aus der Hand ausspielen kann, zieht fünf neue Karten nach. Ist der Talon abgetragen, bleiben nur jeweils die obersten Karten der Stapel in der Mitte liegen; was darunter ist, wird zu einem neuen Talon zusammengemischt. So wird weitergespielt, bis eine der beiden Seiten gewinnt, indem du die letzte Karte deines Talons ausspielst.

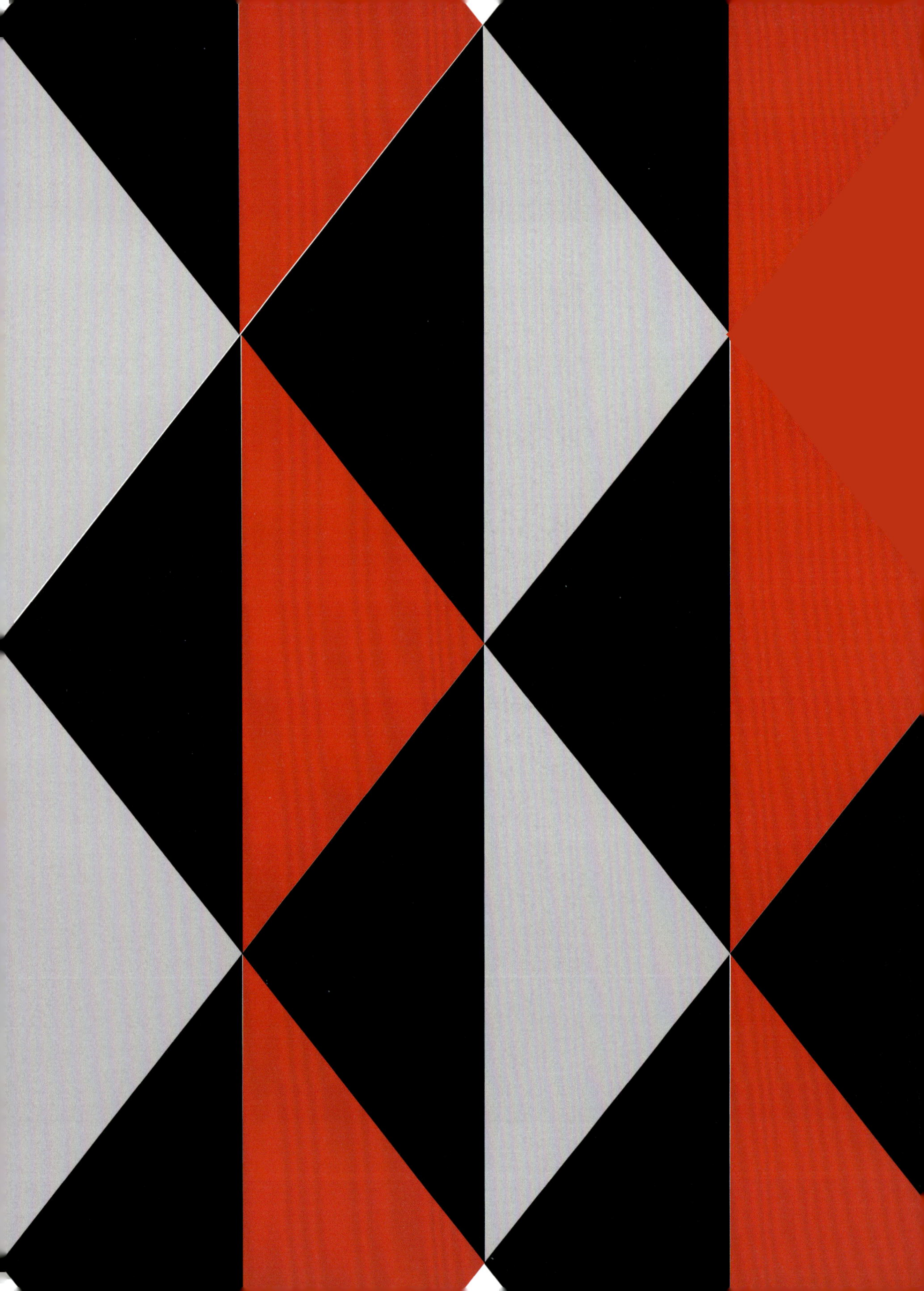

Teil Drei

SPIELE ALLEIN

LEICHT

SOLITAIRE JR.

EINS | **ALTERSGRUPPE: 4+** | **SPIELDAUER:** 10 Minuten

Wenn kleine Kinder Patiencen lernen wollen, stellt diese einfache Variante eine gute Möglichkeit dar, sie mit Grundkonzepten solcher Spiele bekannt zu machen ohne sie zugleich in die Komplexität und das Frustrationspotential zu stürzen, die anderen Varianten innewohnen.

SPIELZIEL: alle Karten auf die vier Grundkarten ausspielen

SPIELMATERIAL:

◊ ein Kartenspiel ohne Joker

So wird gegeben

Ehe gemischt wird, werden alle vier Asse aus dem Spiel genommen und nebeneinander an den oberen Rand der Spielfläche gelegt. Dann wird gemischt, und zehn Karten werden in einer Reihe umgedreht nebeneinander unter die Asse gelegt. Danach wird auf jede Karte der Reihe erst eine weitere umgedrehte Karte gelegt, dann wieder eine offene. Die verbleibenden Karten werden umgedreht in einem Stapel als Talon niedergelegt.

So wird gespielt

1. Aufgedeckte Karten aus den Positionen der Reihe werden in aufsteigender Folge auf die Grundstapel gelegt – nach den Assen geht es weiter mit der 2 bis hinauf zum König. Die Kartenfarbe spielt keine Rolle. Karten können auch von einer Position in der Reihe auf eine andere verlegt werden, wenn der Wert der verlegten Karte um genau einen Punkt geringer ist als der der Karte, auf der sie zu liegen kommt. Es kann also beispielsweise jede 6 auf jede 7 gelegt werden, oder jeder Bube auf jede Dame. Es können auch zusammenhängende Ketten von aufgedeckten Karten verlegt werden. Wird eine Position in der Reihe frei, kann jede Karte von einer anderen Position dorthin verlegt werden, auch jede Kartenkette.

Ist die oberste Karte auf einer Position umgedreht, so wird sie aufgedeckt und kann fortan gespielt werden.

2. Kann keine der Karten auf den Positionen mehr verlegt oder ausgespielt werden, darf die oberste Karte des Talons aufgedeckt werden. Kann sie nicht verwendet werden, wird sie offen auf den Abwurfstapel gelegt. Auch die oberste aufgedeckte Karte des Abwurfstapels kann jederzeit nach den dargestellten Regeln auf eine Position in der Reihe oder auf einen Grundstapel ausgespielt werden. Das Spiel geht weiter, bis der Talon aufgebraucht ist und kein Zug mehr gemacht werden kann. Sind nun alle vier Grundstapel vollständig (es liegen Könige obenauf, und es gibt keine Karten mehr in der Reihe, im Talon oder auf dem Abwurfstapel), so ist die Patience aufgegangen.

VARIANTE: Wenn kleine Kinder diese einfache Form einer Patience beherrschen, kann die Schwierigkeit erhöht und eine zusätzliche Anforderung eingebaut werden, indem nun nur noch in der richtigen Kartenfarbe auf die Grundstapel gespielt werden kann.

MITTEL

CANFIELD-PATIENCE

EINS **ALTERSGRUPPE: 7+** | **SPIELDAUER:** 10 Minuten

Ursprünglich mussten bei Canfield 50 Dollar für den Talon gezahlt werden und dann gab es für jede Karte, die auf einen Grundstapel gespielt werden konnte, 5 Dollar zurück. Dieses Spiel ist sehr schwer zu schlagen; du darfst es also bereits als Sieg verbuchen, wenn es dir gelungen ist, elf Karten auszuspielen!

SPIELZIEL: alle Karten auf die vier Grundstapel ausspielen

SPIELMATERIAL:

◊ ein Kartenspiel ohne Joker

So wird gegeben

13 Karten werden umgedreht auf einen Stapel gelegt und bilden den Vorhalt, dessen oberste Karte aufgedeckt wird. Neben dem Vorhalt wird eine weitere Karte offen ausgelegt, um den ersten Grundstapel zu eröffnen. Auch die anderen drei Grundstapel müssen nun mit Karten mit genau diesem Wert dieser Karte eröffnet werden. Schließlich werden unterhalb des Grundstapels vier Karten offen in einer Reihe nebeneinander gelegt, die die Auslage darstellen. Alle verbleibenden Karten werden während des Spiels als Talon in der Hand gehalten.

So wird gespielt

1. Ziel des Spieles ist es, Karten aus dem Vorhalt, der Auslage und dem Talon auf die Grundstapel zu spielen. Um auf einen Grundstapel gespielt zu werden, muss eine Karte dieselbe Farbe haben wie die Karte oben auf dem Grundstapel und ihr Wert genau 1 mehr betragen. Es wird also in aufsteigender Folge auf die Grundstapel abgelegt. Ist beispielsweise die Grundkarte eine 8, so ist die nächste Karte 9, dann 10, Bube, Dame, König, Ass, 2, 3, 4, 5, 6, 7 – und alle in derselben Farbe. Neue Grundkarten müssen denselben Wert haben wie die erste, die bereits beim Kartengeben ausgelegt wurde. Im abgebildeten Beispiel müssen etwa alle Grundstapel mit 8 beginnen und mit 7 aufhören.

2. Die offene Karte im Vorhalt ist im Spiel und kann sowohl auf Grundstapel gespielt werden als auch in die Auslage. Wird ein Feld der Auslage frei, so wird es ebenfalls aus dem Vorhalt wieder gefüllt. Wenn die oberste Karte des Vorhaltes gespielt wird, so kann die darunter liegende Karte aufgedeckt werden.

3. An die Karten der Auslage können Karten in absteigender Folge und wechselnder Farbe angelegt werden. So kann im Beispiel an die Pik-5 eine rote 4 angelegt werden, oder eine schwarze 6 an beide rote 7en. Nur die jeweils zuletzt angelegten Karten der Auslage können auf einen Grundstapel gespielt werden.

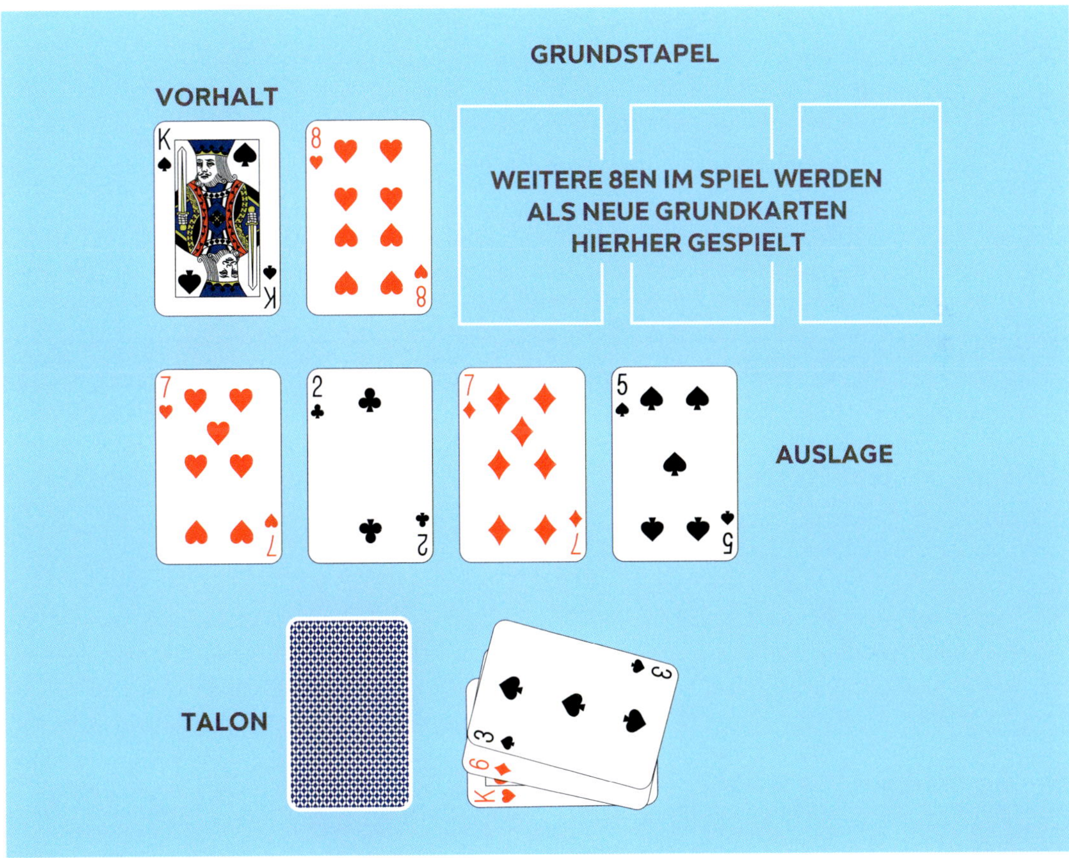

FORTSETZUNG

4. Können Karten weder aus der Auslage noch aus dem Vorhalt gespielt werden, kommt der Talon zum Einsatz: die drei obersten Karten des Talons werden zusammen aufgedeckt; gespielt werden kann jedoch nur die jeweils oberste von ihnen – entweder auf einen Grundstapel oder durch regelgemäßes Anlegen in der Auslage. An eine Herz-7 etwa können also nur Kreuz-6 oder Pik-6 angelegt werden. Die unteren Karten der Dreiergruppe, die aus dem Talon aufgedeckt wurden, können erst gespielt werden, wenn sie frei liegen (d.h. wenn die darüber liegende Karte gespielt ist).
5. Wird das Ende des Talons erreicht, wird der Abwurfstapel umgedreht und als frischer Talon aufgenommen. Das Spiel geht, bis kein Zug mehr möglich ist. Konnten alle Karten auf die Grundstapel gespielt werden, so ist die Patience aufgegangen.

WUSSTEST DU SCHON? Die Canfield-Patience hat ihren Namen nach einem Casinobetreiber, der behauptete, das Spiel erfunden zu haben, es jedoch Klondike nannte. Die Klondike-Patience wiederum ist zwar ebenfalls eine sehr beliebte Patience, aber doch ganz anders als Canfield.

MITTEL

EMPEROR-PATIENCE

EINS | **ALTERSGRUPPE: 7+** | **SPIELDAUER:** 20 Minuten

Aufbau und Regeln der Emperor-Patience sind einfach, doch sie stellt eine echte Herausforderung dar. Es kann immer nur eine Karte bewegt werden, das Spiel verlangt also einiges an Glück!

SPIELZIEL: alle Karten auf die acht Grundstapel spielen

SPIELMATERIAL:

- zwei Kartenspiele ohne Joker

So wird gegeben

Die Auslage besteht aus einer Reihe von zehn Kartenpäckchen mit je vier Karten. Die ersten drei Karten jedes Päckchens liegen verdeckt, die Oberste offen. Die verbleibenden Karten bilden den Talon.

So wird gespielt

1. Offene Asse können als Grundkarten in einen Bereich über der Auslage gespielt werden. Die Grundstapel werden in gleicher Kartenfarbe und in der Folge der Kartenwerte aufgebaut. Offene Karten können an Karten auf anderen Päckchen angelegt werden, wenn deren Wert genau eins mehr beträgt als der der angelegten Karten und sie die je andere Farbe haben. Zum Beispiel kann eine rote 6 an eine schwarze 7 angelegt werden oder eine schwarze Dame an einen roten König. Karten aus der Auslage dürfen stets nur einzeln bewegt werden. Ist danach die oberste Karte eines Päckchens eine umgedrehte, so wird sie aufgedeckt. Leere Stellen in der Auslage können mit beliebigen Karten neu belegt werden. Die Karten aus dem Talon werden eine nach der Anderen auf einen Abwurfstapel aufgedeckt, von dem nur die jeweils oberste Karte gespielt werden kann.

FORTSETZUNG

Ist der Talon abgetragen, kann er nicht erneuert werden. Das Spiel kann nur mit der obersten Karte des Abwurfstapels fortgeführt werden.

2. Das Spiel endet, wenn keine Züge mehr gemacht werden können. Wenn Talon, Abwurfstapel und alle Päckchen der Auslage auf die Grundstapel übertragen werden konnten, ist die Patience aufgegangen.

VARIANTE: Die beliebteste Variante der Emperor-Patience heißt Rank and File („Reih und Glied"). Sie wird fast ganz genauso gespielt, wird aber dadurch einfacher, da sie es gestattet, ganze Ketten von Karten in der Auslage zu bewegen und an andere Karten anzulegen, statt sich auf Einzelkarten zu beschränken.

MITTEL

KLONDIKE-PATIENCE

EINS **ALTERSGRUPPE: 12+** | **SPIELDAUER:** 10 Minuten

Die Klondike-Patience ist das beliebteste Solitär-Kartenspiel der Welt und das, was die meisten meinen, wenn sie von „Solitaire" sprechen.

SPIELZIEL: alle Karten auf die vier Grundstapel spielen

SPIELMATERIAL:

◊ ein Kartenspiel ohne Joker

So wird gegeben

1. 28 Karten werden in sieben Spalten ausgelegt wie folgt:
   - erste Spalte = eine aufgedeckte Karte
   - zweite Spalte = eine umgedrehte Karte, darauf eine aufgedeckte Karte
   - dritte Spalte = zwei umgedrehte Karten, darauf eine aufgedeckte Karte
   - vierte Spalte = drei umgedrehte Karten, darauf eine aufgedeckte Karte
   - fünfte Spalte = vier umgedrehte Karten, darauf eine aufgedeckte Karte
   - sechste Spalte = fünf umgedrehte Karten, darauf eine aufgedeckte Karte
   - siebte Spalte = sechs umgedrehte Karten, darauf eine aufgedeckte Karte
2. Die jeweils verbleibenden Karten kommen als Talon in die Hand.

So wird gespielt

1. Offene Asse können in einen Grundbereich über den Spalten als Grundkarten gespielt werden. Grundstapel werden aufgebaut in nur einer Kartenfarbe und in der Folge der Kartenwerte, vom Ass über die 2 zum König. Offene Karten in den Spalten können auf die Grundstapel gelegt werden. Sie können aber auch an Karten in anderen Spalten angelegt werden, solange die Zielkarte die andere Farbe hat und ihr Wert genau 1 mehr beträgt. Es kann also eine rote 5 an eine schwarze 6 angelegt werden, eine schwarze 10 an einen roten Buben, und ähnliches mehr. Außerdem kann auch eine ganze Kette offener Karten an eine andere Spalte angelegt werden, solange die unterste Karte der Kette die andere Farbe und einen um 1 niedrigeren Wert hat als die Karte, an die die Kette angelegt wird.

FORTSETZUNG

Zum Beispiel kann eine Kette aus rotem Buben, schwarzer 10 und roter 9 an eine schwarze Dame angelegt werden.

2. Wird in einer Spalte eine verdeckte Karte freigelegt, so wird sie aufgedeckt und kommt somit ebenfalls ins Spiel. Sind in den Spalten keine Züge mehr möglich, dann kommen Karten aus dem Talon ins Spiel, indem drei Karten als Päckchen zusammen auf dem Abwurfstapel aufgedeckt werden. Nur die oberste dieser drei Karten kann verwendet werden; die Karte darunter kann erst ins Spiel kommen, wenn sie freigelegt wurde (d.h. wenn die darüber liegende Karte in eine Spalte oder auf einen Grundstapel gespielt worden ist). Ist der Talon aufgebraucht, wird der Abwurfstapel aufgenommen, umgedreht und als frischer Talon verwendet.

3. Das Spiel geht, bis keine Züge mehr möglich sind. Können alle Karten auf die vier Grundstapel gespielt werden, so geht die Patience auf.

WUSSTEST DU SCHON? „Solitaire" ist die amerikanische Bezeichnung für Spiele, die in anderen Ländern 'Patience' genannt werden. Beide Bezeichnungen, Solitaire wie auch Patience, beziehen sich genau genommen nicht allein auf Kartenspiele, sondern auf jede Art der Beschäftigung einer Einzelperson mit Karten, also auch etwa auf das Errichten von Kartenhäusern.

MITTEL

POKER-PATIENCE

EINS | **ALTERSGRUPPE:** 7+ | **SPIELDAUER:** 5 Minuten

Ein Spiel für Pokerfreunde, die gerade keine Pokerrunde haben.

SPIELZIEL: möglichst viele Punkte erhalten

SPIELMATERIAL:

- ◊ ein Kartenspiel ohne Joker; Papier und Bleistift zum Aufzeichnen des Punktestandes

So wird gegeben

Die Karten werden gemischt und umgekehrt in einem Stapel niedergelegt.

So wird gespielt

1. Die Karten werden einzeln aufgenommen und in einem Quadratgitter von fünf Spalten und fünf Reihen ausgelegt, sodass sie alle möglichst hochwertigen Pokerblätter ergeben. Jede Karte, darf an jede beliebige Stelle des Quadrates gelegt werden. Doch sobald eine Karte liegt, kann sie nicht mehr an einen anderen Ort verlegt werden.
2. Sind 25 Karten ausgelegt, werden Punkte aus Spalten und Reihen berechnet wie folgt:
   - Royal Flush = 50 Punkte
   - Straight Flush = 30 Punkte
   - Vierling = 16 Punkte
   - Straight = 12 Punkte
   - Full House = 10 Punkte
   - Drilling = 6 Punkte
   - Flush = 5 Punkte

FORTSETZUNG

- Zwei Pärchen = 3 Punkte
- Pärchen = 1 Punkt

Die Abbildung (S. 157) zeigt die Wertung des dargestellten Kartenbildes. Die Reihen mit den roten Kästchen ergeben jeweils die links daneben angegebenen Punkte. Die Spalten mit den weißen Kästchen ergeben jeweils die darunter angegebenen Punkte.

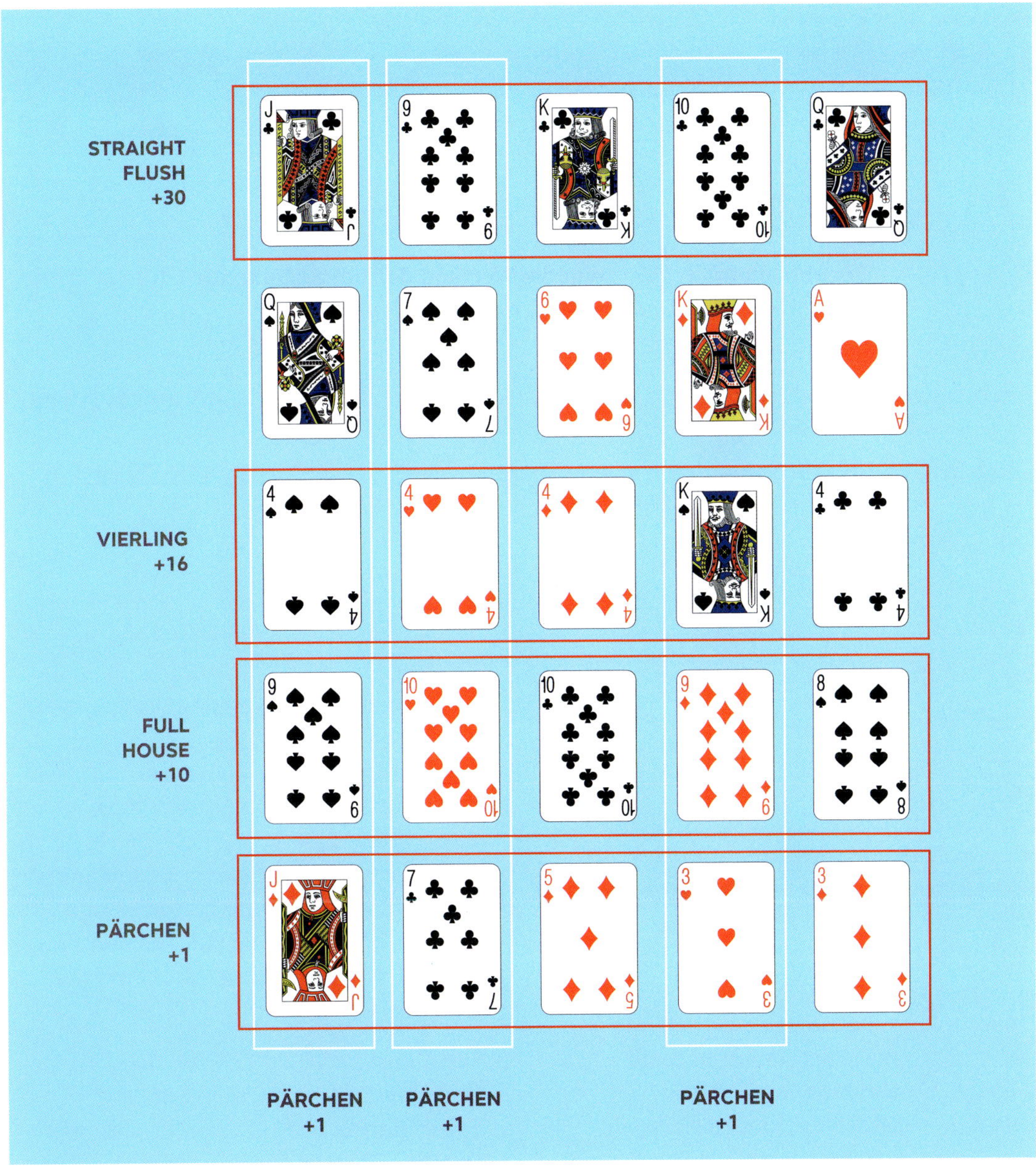

VARIANTE: Die Punktwertung in der Poker-Patience ist dadurch bedingt, wie schwer jedes dieser Pokerblätter in diesem Spiel zu erzielen ist. Möchten Sie das Spiel dazu verwenden, sich mit den verschiedenen Pokerblättern vertraut zu machen, so ziehen Sie es vielleicht vor, Punkte dafür gemäß der Wertungen im Pokerspiel zu vergeben, also (in absteigender Reihenfolge) Royal Flush, Straight Flush, Vierling, Full House, Flush, Straight, Drilling, Zwei Pärchen, Pärchen.

MITTEL

PYRAMIDE

EINS | **ALTERSGRUPPE:** 7+ | **SPIELDAUER:** 5 Minuten

Die Pyramide ist eine reizvolle Patience – nicht allein wegen der ungewöhnlichen Form des Spielfeldes, sondern auch, weil von Anfang an alle Karten offen liegen, die abzutragen sind. Daraus ergeben sich interessante – und je nach gewählter Variante ganz unterschiedliche – strategische Möglichkeiten.

SPIELZIEL: alle Karten aus der Pyramide abräumen | **FERTIGKEITEN:** Addition

SPIELMATERIAL:

◊ ein Kartenspiel ohne Joker

So wird gegeben

Eine Karte wird offen als Pyramidenspitze ausgelegt. Darunter kommt eine Reihe von zwei offenen Karten so, dass sie die Karte an der Spitze teilweise überdecken. In gleicher Weise werden weitere Reihen ausgelegt und in jeder Reihe eine Karte mehr (also drei Karten in der dritten Reihe, vier in der vierten, usw.), bis eine Pyramide aus sieben Reihen und insgesamt 28 Karten ausgelegt ist, wie in der Abbildung auf der nächsten Seite gezeigt. Die übrigen Karten werden zusammen in einem verdeckten Stapel zur Seite gelegt und dienen als Talon.

So wird gespielt

1. Karten werden einzeln vom Talon gezogen. Ziel ist es, gezogene Karten mit einer freien Karte aus der Pyramide zu verknüpfen, sodass ihre Werte zusammen 13 ergeben. So kann etwa eine 8 mit einer 5 verknüpft werden, eine 10 mit einer 3, usw. (Asse = 1, Buben = 11, Damen = 12, Könige = 13). Die Kartenfarbe spielt dabei keine Rolle. Verknüpfte Karten kommen auf einen Ablagehaufen. Könige können unmittelbar abgelegt werden, sofern sie frei sind. Karten sind frei, wenn keine andere Karte der Pyramide sie überdeckt.
2. Die oberste Karte des Ablagehaufens ist ebenfalls frei und kann mit beliebigen freien Karten in der Pyramide verknüpft werden. So geht das Spiel immer weiter, bis entweder alle Karten aus der Pyramide abgelegt sind (dann ist die Patience aufgegangen) oder der Talon abgetragen ist (dann ist die Patience nicht aufgegangen).

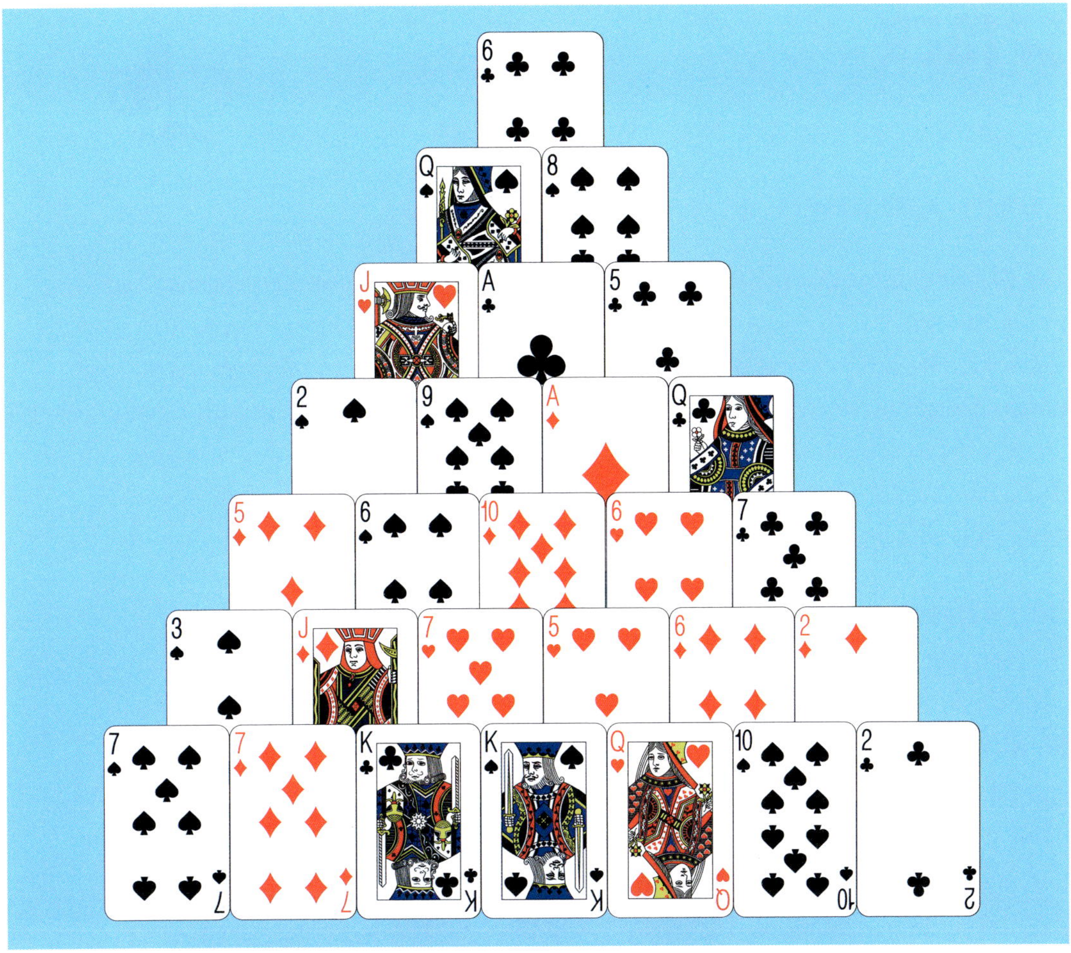

VARIANTE: Um das Glückselement in diesem Spiel weiter zu reduzieren, kann der Ablagehaufen aufgefächert werden, so dass jede Karte darin zu sehen ist und nicht nur die oberste. Dann sind alle Karten im Ablagehaufen frei und können miteinander oder mit freien Karten aus der Pyramide verknüpft werden.
Für kleinere Kinder, die gerade Addition lernen, kann das Spiel auch leichter gemacht werden, indem als Summe nicht 13 verlangt wird, sondern 10 – in dieser Version haben alle Bildkarten den Wert 10.
An manchen Orten wird die Pyramide auch mit einem Reservestapel gespielt. In diesem Fall wird unter der Pyramide eine Reserve von sechs zusätzlichen Karten bereitgelegt, die gespielt werden können, wann immer Bedarf besteht.

MITTEL

SPIDER

EINS **ALTERSGRUPPE:** 12+ | **SPIELDAUER:** 20 Minuten

Die Schwierigkeit von Spider („Spinne") lässt sich besonders einfach anpassen – soll es um Karten gleicher Farbe gehen oder speziell um die gleiche Kartenfarbe bzw. spielt die Farbe überhaupt keine Rolle? Durch diese eine kleine Regelvariation ganz zu Beginn lässt das Spiel sich je nach Laune verändern – denn sie wirkt sich direkt darauf aus, wie leicht diese Patience aufgeht.

SPIELZIEL: alle Karten auf die acht Grundstapel spielen

SPIELMATERIAL:

◊ zwei Kartenspiele ohne Joker

So wird gegeben

Zehn Karten werden umgedreht in eine Reihe gelegt. Auf diese Zehnerreihe werden weiter umgedrehte Karten gelegt, bis jede Spalte vier Karten umfasst. Dann kommt auf die ersten vier Positionen je eine weitere umgedrehte Karte, und endlich wird zum Abschluss der Auslage in jede Spalte noch eine offene Karte gelegt. Die übrigen Karten kommen zusammen in einen verdeckten Stapel und dienen als Talon.

So wird gespielt

1. Alle Spielzüge finden in der Auslage statt. Aufgedeckte Karten können in andere Spalten verlegt werden, um absteigende Ketten zu bilden, die in einer Farbe (entweder rot oder schwarz) vom König über die Dame bis hinab zum Ass gehen. Das ist allerdings nur möglich, wenn die verlegte Karte einen um genau 1 niedrigeren Wert hat als die, an die sie angelegt wird. Dieselbe Kartenfarbe brauchen sie nicht zu haben (in diesem Fall könnte es allerdings im weiteren Verlauf des Spieles schwieriger werden, eine Wertefolge zu vervollständigen). Es kann also die Herz-Dame an den Karo-König angelegt werden, und die Kreuz-4 an die Pik-5.

Eine bestehende Kette von Karten in der richtigen Folge kann auch in ihrer Gesamtheit verlegt werden, sofern alle Karten dieselbe Farbe haben. So können eine schwarze 4 und 5 zusammen an die Kreuz-6 angelegt werden. Sobald irgendwo eine vollständig absteigende Kette entstanden ist, wird sie aus der Auslage genommen und als einer der acht Grundstapel abgelegt.

2. Ist eine Spalte leer, kann die Position mit einer beliebigen offenen Karte oder einfarbigen Kartenkette wieder belegt werden. Sollte zu irgendeinem Zeitpunkt kein Zug mehr möglich sein, wird aus dem Talon eine weitere Reihe von zehn aufgedeckten Karten ausgeteilt. Dann geht das Spiel weiter, bis der Talon aufgebraucht ist und keine weiteren Züge mehr möglich sind. Sind nun alle acht Grundstapel mit vollständigen aufsteigenden Wertefolgen ausgelegt, so ist die Patience aufgegangen.

VARIANTE: Um die Schwierigkeit der Patience zu erhöhen, können nur noch solche Karten aneinander gelegt werden, die die gleiche Kartenfarbe haben (statt nur einfach die gleiche Farbe). Um sie umgekehrt einfacher zu machen, können Farben und Kartenfarben für irrelevant erklärt werden, sodass die acht Kartenfolgen in jeder beliebigen Sequenz von Kartenfarben aufgebaut werden können.

SCHWER

AKKORDEON

EINS | **ALTERSGRUPPE:** 7+ | **SPIELDAUER:** 15 Minuten

Der Name der Akkordeon-Patience leitet sich davon her, wie die Kartenreihe der Auslage sich in ihrem Verlauf ausdehnt und wieder zusammenschiebt – ähnlich einer Ziehharmonika eben. Sie lässt sich nur äußerst schwer auflösen und erfordert deshalb viel Geduld und Konzentration.

SPIELZIEL: alle Karten in einen Stapel bringen

SPIELMATERIAL:

◊ ein Kartenspiel ohne Joker

So wird gegeben

Die Karten werden eine nach der anderen aufgedeckt und von links nach rechts in eine Reihe gelegt (oder auch, je nach der verfügbaren Spielfläche, in mehreren aneinander anschließenden Reihen).

So wird gespielt

1. Indem die Karten aufgedeckt werden, können Karten mit dem gleichen Wert oder der gleichen Kartenfarbe wie die Karte unmittelbar zu ihrer Linken oder wie die Karte drei weiter links, auf diese gelegt werden.

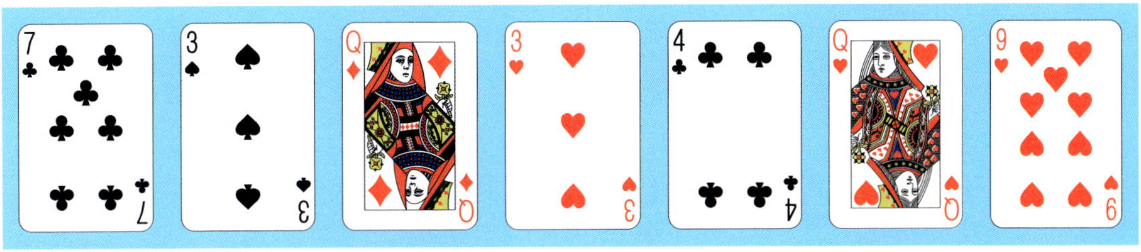

2. In der Auslage in der Abbildung oben beispielsweise kann die Herz-9 entweder auf die Herz-Dame gelegt werden (gleiche Kartenfarbe, unmittelbar zur linken) oder auf die Herz-3 (gleiche Kartenfarbe, drei links). Im letzteren Fall kann als nächstes die Herz-Dame auf die Karo-Dame gelegt werden (gleicher Wert, drei links). Dann gibt es einen Stapel mit der Herz-9 obenauf und gleich links davon einen mit der Herz-Dame obenauf. Die oben liegende Karte zählt, also kann der Stapel mit der Herz-9 auf den mit der Herz-Dame gelegt werden. Rechts von der 9 ist nun eine Lücke entstanden; die Karten werden in diese nachgeschoben, dann wird die nächste neue Karte aufgedeckt.
3. Es wird weiter gespielt, bis keine weiteren Züge mehr möglich sind. Wenn alle 52 Karten in der beschriebenen Weise in einen Stapel gebracht werden können, geht die Patience auf.

VARIANTE: Um die strategischen Aspekte des Spiels weiter in den Vordergrund zu stellen, können auch – sofern ausreichend Platz dafür vorhanden ist – zuerst alle Karten in einer Reihe ausgelegt werden, damit alle Züge im Voraus geplant werden können.

SCHWER

BELEAGUERED CASTLE

EINS | **ALTERSGRUPPE: 12+** | **SPIELDAUER:** 15 Minuten

Wie bei einer Burgbelagerung finden sich bei dieser Patience die Grundkarten von Karten umzingelt, die alle zu ihnen kommen möchten. Obwohl von Anfang an alles offen liegt, ist dies eine recht schwierige Patience, die einiges an Strategie erfordert.

SPIELZIEL: alle Karten auf die vier Grundstapel spielen
FERTIGKEITEN: Strategie

SPIELMATERIAL:

◊ ein Kartenspiel ohne Joker

So wird gegeben

Vor dem Mischen werden die vier Asse als Grundkarten in einer Spalte in die Mitte gelegt. Dann wird gemischt, und es werden zu beiden Seiten jedes Asses Kolonnen von je sechs Karten offen ausgelegt. Begonnen wird jeweils direkt neben dem Ass, und die folgenden Karten werden nur teilweise auf die vorige gelegt, sodass sie alle zu sehen sind (wie in der Abbildung auf der nächsten Seite gezeigt).

So wird gespielt

1. Die Grundstapel werden vom Ass über die 2 zum König hin aufgebaut. Eine Karte, die nicht teilweise von einer anderen Karte bedeckt ist, gilt als frei und kann auf einen Grundstapel gespielt werden. In dem Beispiel auf S. 165 etwa kann die Karo-2 auf das Karo-Ass gespielt werden. Freie Karten können auch in eine andere Reihe verlegt werden, nämlich auf Karten, deren Wert um genau eins höher ist – die Kartenfarbe spielt dabei keine Rolle. So könnte im Beispiel die Karo-8 auf die Herz-9 gelegt werden, und dann die Kreuz-7 auf die Karo-8. Der Plan dabei sollte sein, Karten freizulegen, die sich auf einen der Grundstapel spielen lassen.

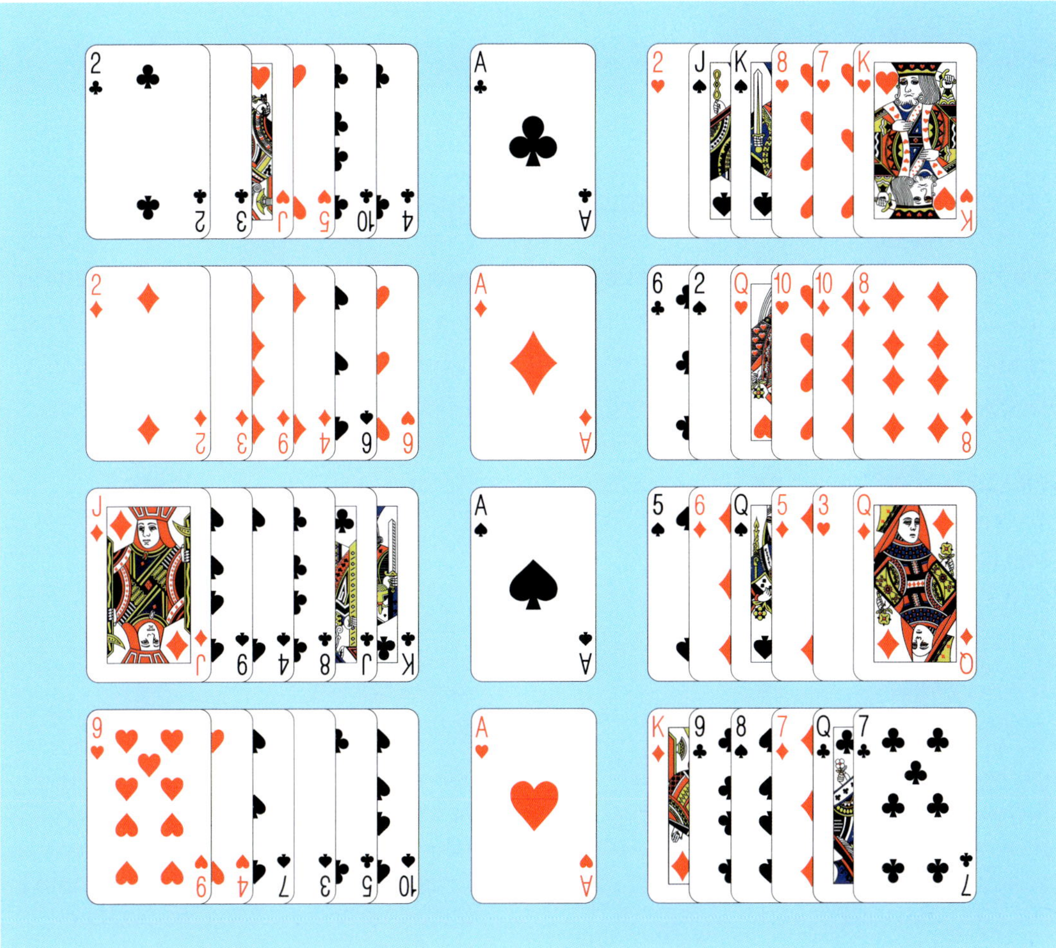

2. Es kann immer nur eine Karte bewegt werden. Ist eine Kolonne abgeräumt, kann sie mit einer beliebigen freien Karte aus einer anderen Kolonne gefüllt werden. So wird weiter gespielt, bis keine Züge mehr möglich sind. Können alle vier Grundstapel bis zum König ausgebaut werden (sodass in keiner Kolonne mehr eine Karte liegt), so ist die Patience aufgegangen.

VARIANTE: Eine beliebte (und schwierigere) Version dieser Patience heißt Streets and Alleys („Straßen und Gassen"). Im Prinzip wird sie auf genau die gleiche Weise gespielt, nur liegen dabei die Asse zu Anfang noch nicht aus, sondern sind unter die übrigen Karten gemischt. Die vier linken Kolonnen der Auslage enthalten in dieser Variante zu Anfang sieben Karten statt nur sechs.

SCHWER

DEVIL'S GRIP

EINS | **ALTERSGRUPPE: 7+** | **SPIELDAUER:** 15 Minuten

Devil's Grip („Teufelsgriff") verlangt besondere Aufmerksamkeit, weil die Karten nicht so aneinander gereiht werden wie sonst üblich. Diese Patience erfordert Kalkulation und logisches Denken in ungewohnten Bahnen – Patiencen Freunde dürfen sich auf ein außergewöhnliches Spielerlebnis freuen.

SPIELZIEL: alle Karten im Spielraster unterbringen

SPIELMATERIAL:

- zwei Kartenspiele, ohne Joker, ohne Asse

So wird gegeben

Als Spielraster werden drei Reihen von je acht offenen Karten ausgelegt. Die verbleibenden Karten stellen den Talon dar und werden in der Hand behalten.

So wird gespielt

1. Ziel ist es, alle Karten in Päckchen innerhalb des Rasters zu packen, sodass in der oberen Reihe Buben obenauf liegen, in der mittleren Damen, in der unteren Könige. Jede Karte im Raster kann dabei gegen jede andere Karte des Rasters ausgetauscht werden. Die Karten müssen in Päckchen gleicher Kartenfarbe zusammengetragen und in der Reihenfolge der folgenden Tabelle zusammengestellt werden:

Oberste Reihe	2	5	8	Bube
Mittlere Reihe	3	6	9	Dame
Unterste Reihe	4	7	10	König

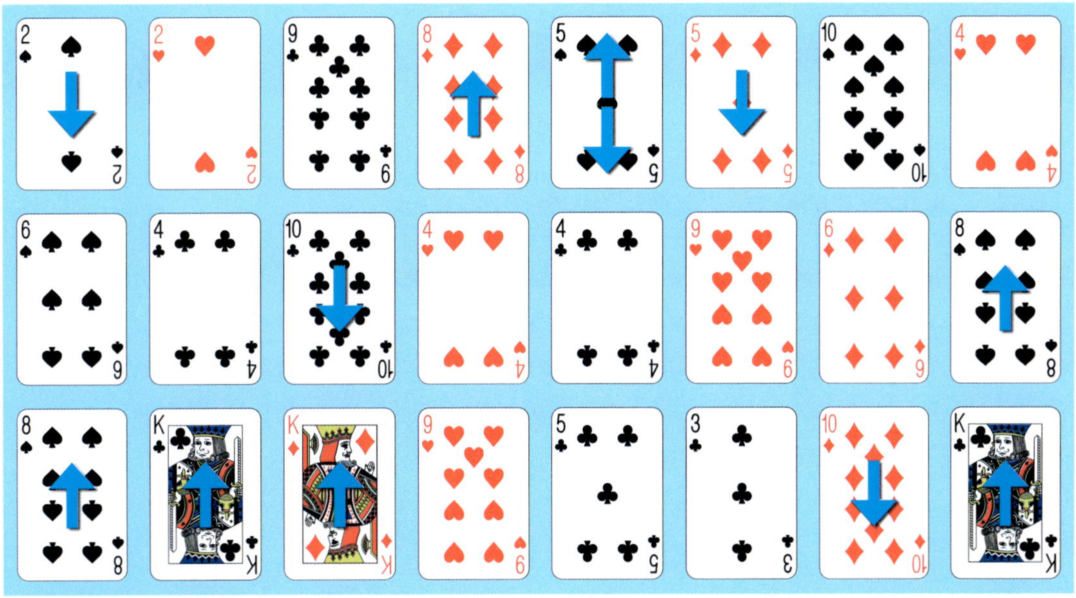

2. Die Abbildung zeigt eine Spielsituation. Die Pik-5 kann auf die Pik-2 gelegt werden, und darauf dann die Pik-8. Der Kreuz-König kann auf die Kreuz-10 gelegt und beide dann in die unterste Reihe gelegt werden, wie in der Tabelle in Schritt 1 erklärt. Außerdem kann der Karo-König auf die Karo-10 gelegt werden.

3. Entsteht eine leere Position im Raster, weil eine Karte auf ein Päckchen gelegt wird, so wird diese mit einer Karte aus dem Talon wieder gefüllt. Können im Raster keine weiteren Karten mehr zu Päckchen zusammengelegt werden, kommt der Talon zum Einsatz, von dem jeweils drei Karten auf einmal gezogen werden – von denen wird zunächst nur die oberste ins Raster gespielt . Darunter liegende Karten können erst gespielt werden, wenn sie freigelegt sind (d.h. wenn die über ihnen liegende Karte gespielt ist). Ist der Talon in der Hand erschöpft, so wird der offene Abwurfhaufen aufgenommen, umgedreht und als frischer Talon verwendet. So geht es immer weiter, bis kein Zug mehr möglich ist.

4. Punkte ergeben sich aus der Zahl der Karten im Talon (also aus denen in der Hand und denen im Abwurfhaufen). Das bestmögliche Ergebnis sind null Punkte (wenn alle Karten ins Raster gespielt werden konnten), doch häufig ist es ein völlig ausreichendes Spielziel, den bisherigen eigenen Bestwert zu unterbieten.

SCHWER

NAPOLEON AT ST. HELENA

EINS | **ALTERSGRUPPE: 12+** | **SPIELDAUER:** 15 Minuten

Napoleon at St. Helena („Napoleon auf St. Helena"), auch bekannt als Forty Thieves („Vierzig Räuber"), ist eine ausgesprochen anspruchsvolle Patience mit mehreren widrigen Einschränkungen. Damit sie aufgehen kann, ist einiges an Konzentration und Strategie erforderlich – und durchaus auch ein gerütteltes Maß an Glück.

SPIELZIEL: alle Karten auf die acht Grundstapel spielen

SPIELMATERIAL:

◊ zwei Kartenspiele, ohne Joker

So wird gegeben

Als Auslage wird eine Reihe von zehn Päckchen zu je vier Karten ausgelegt. Alle Karten liegen offen und jede Spalte wird aufgefächert, sodass alle Karten zu sehen sind. Die verbleibenden Karten werden umgekehrt in einem Stapel als Talon verwendet.

So wird gespielt

1. Alle freien Asse können als Grundkarten in den Bereich über der Auslage gespielt werden. Die Grundstapel werden nach Kartenfarbe und in Folge aufgebaut, jeweils vom Ass zum König. An die freien Karten der Päckchen der Auslage können nur Karten angelegt werden, die dieselbe Kartenfarbe und einen um 1 niedrigeren Wert haben. Es kann also zum Beispiel die Karo-7 an die Karo-8 angelegt werden, oder die Pik-10 an den Pik-Buben. Nur jeweils die letzte Karte einer Kolonne gilt dabei als frei und kann gespielt oder anderswo angelegt werden. Ist eine Kolonne leer, kann an ihrer Stelle mit jeder beliebigen Karte eine neue Kolonne begonnen werden.

2. Karten aus dem Talon werden einzeln nacheinander auf einen Abwurfhaufen aufgedeckt; nur dessen oberste Karte gilt als frei und kann gespielt werden. Ist der Talon abgetragen, so wird er nicht erneuert. Weiteres Spiel ist danach nur noch mit der jeweils obersten Karte des Abwurfhaufens möglich.
3. Das Spiel endet, wenn keine Züge mehr möglich sind. Ist es gelungen, alle Karten aus Talon, Abwurfhaufen und Auslage auf die acht Grundstapel zu spielen, so ist die Patience aufgegangen.

Index

Danksagung

Ohne den Rat und die Unterstützung einiger wichtiger Menschen hätte dieses Buch niemals entstehen können. Dafür danke ich zunächst meiner Familie, die meine größte Inspirationsquelle und meine größte Freude ist.

Besonderer Dank gilt jenen Freunden, die mich dazu drängten, diese Chance zu nutzen und mir während der Entstehung dieses Buches zur Seite standen: Raki Wright, Ashley Brownell, Carolina King und Joyce Marrero.

Ich möchte auch allen danken, die regelmäßig meine Seite Wondermom Wannabe besuchen. Ihr seid der Grund, warum ich mich jeden Tag freue, aufzustehen und meine Arbeit zu tun. Eure E-Mails, eure Kommentare und euer Zuspruch online machen die Arbeit jeden Tag wieder zu einem fröhlichen Abenteuer.

Schließlich schulde ich allen bei Callisto Media tiefsten Dank, dass sie mir diese sagenhafte Gelegenheit geboten haben. Und ganz besonders noch einmal meinem Redakteur Adrian Potts, der mich geduldig durch den ganzen Prozess der Niederschrift eines Buches gelotst und dabei nie an Ermutigung und klugem Rat gespart hat.

Die Autorin

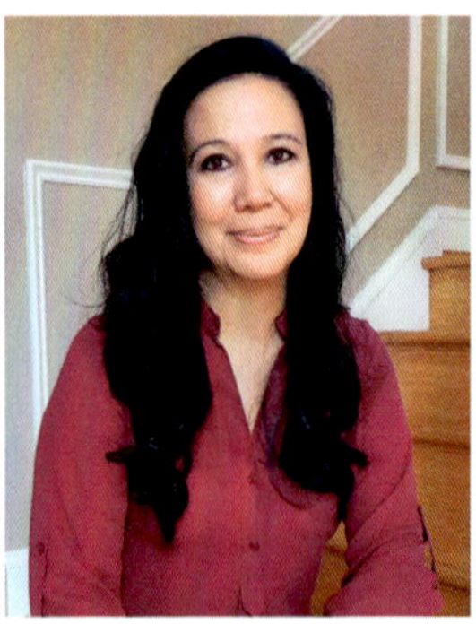

Corinne Schmitt betreibt als Bloggerin die Seite Wondermom Wannabe, mit der sie anderen Müttern helfen will, das chaotische und verwirrende Dasein als Mutter mit mehr Freude und weniger Angst zu erleben. Nach einer Kindheit in Washington kam sie im Alter von 12 Jahren nach Illinois. Dort besuchte sie nach Abschluss der High School die University of Illinois, wo sie einen Bachelor-Abschluss in Englisch und einen Mastergrad in Business Administration errang. Von noch größerer Bedeutung allerdings war, dass sie dort ihren späteren Ehemann Dan kennenlernte. Das Ehepaar war schon in vielen Städten der USA stationiert, sodass jedes ihrer Kinder in einem anderen Bundesstaat zur Welt kam. Was der Familie an geographischer Stabilität fehlte, machte sie jedoch wieder wett, indem sie ihre ganz eigenen Gewohnheiten, Routinen und Aktivitäten entwickelten und pflegten. Als Familie spielen sie gerne zusammen Spiele (nicht zuletzt auch Kartenspiele für die ganze Familie), um den Zusammenhalt der Familie zu stärken bzw. zu vertiefen, da es für sie eine sehr wichtige Rolle darstellt.